金塊文化

試煉，只為與你相遇

學校沒教的戀愛課

愛情婚姻諮商專家
林蕙瑛◎著

談好戀愛很重要

林萃芬（專業諮商心理師）

近幾年來打開社會新聞就會發現，有非常多的新聞都跟感情息息相關，當愛情受到阻礙時，很多人會出現非理性行為，或傷害自己、或傷害情人、或遷怒其他人。基於諮商心理師的使命感，很想跳出來大聲疾呼：「性教育」、「情感教育」、「情緒教育」真的很重要，性不只是性，愛情不只是愛情，而是人格健全、心理健康的具體呈現。

看了林蕙瑛博士的書稿後，立刻想要推薦給所有需要愛情解惑的人。書中每一個愛情困擾，都真實發生在現實生活中，每一個案例，林博士都精闢解析故事主角的親密互動模式，帶領讀者覺察自己的個性會對感情發展造成什麼影響？

每個人的感情觀念發展，跟原生家庭的親密關係、父母的態度規範都有

相關，如果一個人成長於不尊重別人想法，輕忽別人感受的環境中，長大後當然會為了滿足自己的慾望不惜傷害別人。

在書中，林蕙瑛博士從心理專業的角度解析各種不同的人格特質：如負向人格、不成熟的人格，如果跟這樣特質的人交往，未來可能會遇到什麼狀況？帶著讀者預測愛情未來的走向。

愛情原本就是一條自我探索的道路，何以有人可以從愛與被愛中成長，有人卻把愛慕點燃成毀滅的火焰？愛情跟「情緒」和「環境」的變化密不可分，如果不清楚基本的人際「吸引法則」，在戀愛的過程中，不僅容易對自己失去信心，更會白走許多冤枉路。

林蕙瑛博士透過書中主角的困惑：何以情人對自己愛理不理？何以情人不斷嫌棄自己卻又不選擇離開？面對這些愛情中的矛盾心理與衝突行為，林博士藉由不同角度的提問，刺激讀者思考，進而做出最適合自己的抉擇。

愛情充滿了感受與情緒，特別是覺得自己被背叛的時候，氣憤忌妒的情緒往往淹沒悲傷挫折的情緒，很容易引發非理性的行為。這個時候，與其勸他：「天涯何處無芳草」，不如先接納他的情緒，了解他的不滿以及在意的事情，等到他情緒比較平靜後，再討論「自己愛的人不愛自己」，可以如何自處。

在愛情的旅途上，不同時期，不同狀況，需要掌握不同的心理需求。譬如說，追求情人，要知己知彼；贏得好感，要投其所好；經營感情，要了解差異；穩定關係，要滿足感情需求；化解衝突，要安撫對方情緒；挑動情慾，要懂得性心理；想和平分手，要明白防衛機制。

相信林蕙瑛博士這本書可以滿足各種感情議題，當我們越了解自己的感情需求，愛情旅途就能走得越輕鬆；對情人的心理狀態了解越深入，愛情旅途自然走得越順利。

自序

我在大學開設「性別互動與愛情」通識課程，其實就是一門愛情心理學，同學們在回家作業中所呈現的問題，極小部分是個人自信心的缺乏，大部分都是人際關係，不論是同性或異性之間。綜合其範圍，約略可分為告白、劈腿、分手三大類，反映出大學時代的戀愛甘苦與歷程。

大學階段的戀愛其實還是人際關係的練習，也是享受約會的愉悅，不一定要朝著長遠關係發展，畢竟還年輕，自己都還未站穩，未來的變數亦多，此時的戀愛並非以結婚為目的，但求一個相知相愛的穩定關係，然而卻因個性不成熟、人際技巧差、溝通不良，或速食愛情，雙方感情由濃轉淡等，通常都是不愉快分手，罩上失戀的陰影，有可能影響到下一個戀情。

而《自由時報》「家庭診療室」專欄的讀者來信，則以社會人士居多，婚前困擾的發問者自二十歲至四十幾歲都有，包括二度單身在內，他們也是有同樣的問題，但因有了社會閱歷，且已屆或過了適婚年齡，也可能有過戀愛經驗，所面臨的問題就不像在學校的環境中那麼單純了，例如對方態度曖昧不明、先有性而不確定有愛、想念舊情人、兩個對象不知選誰、家庭阻力、遠距戀情及同居等等，皆為困擾。

但是最常見的問題還是雙方已經陷入愛河，有了親密關係，也有長遠的打算，卻發現個性、人生價值觀、性愛感情婚姻觀、溝通方式、喜好興趣、生活習慣、日常作息等各方面有許多歧異，甚至還有愛侶們都已經談論嫁娶了，才發現有一方懼婚或對生養小孩無共識。

雖然本書中多為異性戀的案例，但這些問題都可能發生在同性伴侶或異性伴侶身上，因為它們就是人際關係的試煉。就是同卵雙胞胎也沒有絕對相同的，何況再相愛的一對伴侶也不可能處處相似，光靠愛情是不可能克服一切的，還要加上用心，亦即同理心、慧心及耐心，磨合的過程即是一種試煉。

理想上是雙方付出同等的努力，但有時候一方對愛情有錯誤的期待，不想努力或輕言放棄，另一方必得堅持，儘量溝通及示範，透過真愛來感動對方。若是雙方已因嫌隙四起而不悅對方，由愛轉怨，無法進入試煉之門，愛情無法通過考驗，關係也就變質了。

本書是從婚姻諮商/伴侶治療的觀點來分析每一個案例，點出真正的問題，引導個人或雙方思考，反思自我、檢討關係、學習溝通、促發自我瞭解及自我成長，並教導磨合的方法，其中以溝通為首要。雖然說每個人或每對伴侶的情況不同，但問題的核心還是大同小異，閱讀他人的實例，可提供讀者參考促進思考並舉一反三。

只要你是單身、一度單身或二度單身，你都有權利戀愛，值得一份美好的親密關係，然而激情的開始並不見得能開花結果，單靠一方的努力經營也不能化解歧見解決問題，但至少閱讀過這本紙上諮詢的應用心理書冊，就算不能繼續走下去，也明白癥結及原因，才是真正的因瞭解而分手。

感謝《自由時報》「家庭診療室」專欄的讀者歷年來的投書詢問，就因為匿名公開，每一個案例都是現實生活中真實的故事，投書者自己得到指引，也造福了廣大的讀者群。感謝金塊文化余素珠總編輯的精心策劃及編排，《張老師月刊》主編高惠琳提供出書諮詢及恆久的支持，還有我的助理林淑華心理師的打字、整理及支持。你們都是我生命中的貴人，因為你們，我可以實踐我專業的一部分，我有成就感，我很開心！

謹以此書獻給我過世二十週年的父親——林衡道教授，爸爸，我又出了一本新書！

林蕙瑛　二〇一七年八月三十一日

前言

剖析戀愛

現在的年輕人早熟，有些人國高中就開始交朋友談戀愛，家長擔心，學校輔導中心也頭痛；也有些人因升學壓力，先以功課為重，考上大學後就自我解放，進入自己對愛情的憧憬世界，才發現感情關係有甜有苦，感情之路跌跌撞撞大有人在，一路順暢的也可能是先甘後苦。因此有關愛情的講座及性愛感情的書籍頗受歡迎，總希望能夠知己知彼，和睦相處，少走崎嶇路。

人，不論是同性戀或異性戀，都有親密關係的需求。市面上有關談情說愛的書都是為異性戀而寫的，並不是歧視同性戀，而是異性戀人口本來就比較多，案例也多，而同性戀即便感情有困難，也比較不敢發問，其實都是伴侶之間的互動問題，問題的本質是相同的，不是個性就是人際互動有問題，因此探討問題的原因，對症下藥處理問題，才能建立穩定的關係，享受戀愛的甜美。

戀愛的發展階段

男女/女女/男男發展感情關係，通常可分為四大階段：

1. 交往前：要不要告白及要如何告白是許多人的大心事，不論是第幾次交朋友，每一次的告白都是大事一件，困擾不已。不告白又怕對方不明白，且自己心裡滿滿的，非說出來不可，但是告白後被拒絕又將如何自處及面對心儀之人。告白似乎成了賭注，決定一份關係的生死，其實兩個互有好感的人除了找機會多聊天互相認識外，誰約誰都沒有關係，創造相處的機會確認彼此的好感，也就是說從熟識到做朋友。

2. 交往初期：成了朋友，分享的事物與活動漸多，好感逐漸形成情愫，彼此心中甜甜的，很想多見面多說話多相處，但礙於顏面或現實生活中的限制，比較不敢放開自己，一方面享受這種若有似無的戀情，一方面又擔心朋友/戀人的底線到底在哪裡。例如男友是萬人迷，女生很缺乏安全感，或者聽說系上學長也在追求她，她會不會覺得學長比較成熟等等。

3. 交往中期：雙方的互動越來越頻繁，開始向對方坦白為何喜歡他/她，彼此已確定是戀人是伴侶，有不少人在此階段就進入肉體親密關係。就

因為身心都親近，個人的個性特質會自然流露，有人脾氣不好罵粗話，有的太黏人，有人佔有慾強，不准男友打麻將或和別的女生說話，或者男生限制女友不可穿短裙出門，也有男生經常翻女友的皮包或互相查看手機。

4. 交往後期：伴侶經過吵架、溝通及磨合，已很習慣一對一的關係，而因為有愛情，所以對於對方的缺點，不是接受就是忍受。此時兩人的關係應是更上一層樓，也就是兩人同心，尊重及支持對方的生涯發展及生活方式，逐漸融入對方的家庭及生活圈，也盡量同步成長，有共同的人生規劃，這種有建設性的戀情就能開花結果，幸福愉快。

但此階段也可能是覺悟時期，逐漸發現原來對方不是自己的最愛，或者深深感覺到彼此的不相容性，當然也有可能是外來的阻力，像父母反對，或第三者出現。更甚者，發現有一方的健康有問題，或者不努力工作，缺乏進取心等等，因為有了瞭解，感情關係中產生負面元素，不是拖拖拉拉，試著磨合，就是吵吵鬧鬧，不歡而分手。

親密關係的需求就是愛與性，兩人互相喜歡對方，決定一對一交往，由愛而性，也是正常的戀愛歷程，而性愛也是戀愛生活的一部分，只是當「愛」還在發展階段，尚未經過考驗，此時的「性」可以是關係中的阻力，但也可以成為助力。

社會心理學中的愛情三要素「激情、親密、承諾」，年輕人談戀愛充滿激情，身體的親密有時走在心理親密之前，也就是因為有了性關係，彼此認定是伴侶，通常會有一段很甜蜜的時光，一直到性愛成了習慣，已經是兩人生活中的理所當然，在心理親密的基礎還未建立穩固前，關係中的干擾因素才會一一出現。

但就是卡在這個性關係，即便對方的言行表現並不是自己所期待的，或者已經看到彼此的不合適，心中開始質疑及掙扎，身體卻很習慣性地接納對方，享受歡愉，並告訴自己這是份親密關係，即便有歧見或爭吵，就以「床頭吵，床尾和」收場，並未真正地去磨合或改進。

當有一方愛的感覺終於消失時就拒絕和對方做愛，大的爭吵就會出現。理性的人知道大勢已去，黯然離開執意分手的對方，但也有心有未甘，想極

力挽回者，無法認清現實，以致產生傷害對方、自殘或同歸於盡的想法或行為，造成對個人、家庭的傷害，也帶來社會問題。

健康戀愛的必備條件

不論你是想要談戀愛，剛開始或已經談戀愛了，不妨檢視一下，是否具備以下基本條件，才能自在又自信地與對方順利互動，談一場健康的戀愛。

1. 尊重自己也尊重對方：不必怕對方不高興、不理睬而曲意討好對方，也不要縱情私慾、一意孤行，或太具侵略性要主宰對方，雙方需站在平等的立場交往。

2. 自我瞭解也瞭解對方：瞭解自己的優缺點，思量這些優缺點對自己及對方可能造成何種影響，例如心直口快或容易動怒。另外也用心去認識對方，瞭解其心性與脾氣、習慣，接納不同特質，才能在磨合的歷程中坦誠溝通、妥協。

3. 情緒管理：不少年輕人在家中常與家人鬧脾氣或對人愛理不理，生氣時會爆粗口或有大動作，也有女生愛哭泣。伴侶關係很親密時本性會流露，應有自覺或經對方提醒後有所收斂或改進。其實這也是一個很好的自我檢視及自我成長機會。

4.正確的性愛感情婚姻觀：談戀愛不一定要結婚，但也要享受戀愛，要結婚則一定要讓戀愛走得順，一邊在雙人互動中學習，一邊也可藉閱讀、進修或接受婚前輔導來破除性愛迷思、建立正確的性愛感情婚姻觀。

5.溝通技巧與方式：不想一見面就做愛，對於對方的行為不以為然，卻放在心裡生悶氣，還不想結婚卻因怕對方生氣而不敢明說，不知如何開口解釋與前任男/女友的見面，許多事情口難開，但越不說就越讓對方疑心或不悅，說了卻傷感情。但該說的還是要說，先抓住對方個性，以同理心及提供安全感，攻心為上，來與對方溝通，這是可以經過學習與練習的。

結語

總而言之，戀愛是一種人際關係的歷程，也是自我成長的歷程，而愛情是雙向交流的「付出而得到」，健康的戀情就是雙方都能發展有建設性的關係，兩個人在一起只會使彼此變得更好、更快樂。

C·O·N·T·E·N·T·S

C·O·N·T·E·N·T·S

C·O·N·T·E·N·T·S

C·O·N·T·E·N·T·S

1 睡眠時間不同調

愛情這個難題？

我今年29歲，與男友交往一年，最近才去他住處過夜，一星期兩三晚。我發現我們的睡眠習慣不同，他是夜貓子，最早是半夜十二點半上床，而我最遲要在十一點上床，早上才能在七點起床上班。

雖然男友是自己開工作室，不必早起，但我覺得他應改變睡眠時間才能睡得足夠。有時我陪他熬夜，第二天就累得半死。我不想兩人上床時間不同，不知有何辦法可解決難題？

聽林老師這麼說：

男友自己開工作室，時間可以自己支配，他又喜歡在夜深人靜時工作，早已

養成晚睡晚起的生活作息，要他隨妳十一點上床，幾乎不可能，而要妳每天熬夜陪他，當然更不可能，因為妳的生活作息是跟著上班時間而定的，因此並無可能做時間上的妥協，只能做心態上的調整，也就是說，妳得接納兩人睡眠時間的不同，互相尊重。

從下班後到十一點以前，你倆有許多共享時間，十一點到了，妳就去睡妳的覺，而男友可以開始夜間工作。早上醒來，妳趕去上班之前，可以留親密小紙條給他，會比兩人一起醒來更浪漫。妳現在處於熱戀期間，總覺得兩人要同進同出，同時間睡覺，然後一起醒來，感情濃得化不開，這是一種心情及盼望，但如果天天如此，總有一方或兩方都會感覺到窒息或沒有自我空間。

很多夫妻因工作性質或上班時間不同，他們就寢及起床時間完全不一樣，他們在同一房間同睡一張床或分睡兩張床，都因接納對方，尊重彼此作息時間而更為相愛，感情絲毫不受影響。妳上班若很忙，不宜在前夜熬夜，則平日你們下班後見面吃飯就各自回家，周五及周六再去男友家熬夜也沒關係，其實各人在家裡自己的床上睡，才會睡得安穩足夠，妳自己看著辦吧！

2 若有似無，該繼續下去嗎？

愛情這個難題？

我與男友四年來分分合合，兩年前曾同居，也是吵吵鬧鬧。他的姊姊曾勸他將我娶進門我就會聽話，我嚇住了，請他搬出去，但三個月後他又回來且賴著不走，我們是有盡量協調互相適應，相安無事了半年。只是後來，我很想念家人，覺得親情很重要，不應忤逆父母而與男友同居，所以就搬回家了。

回到家又開始想念他，雖然這期間他交過三個女朋友。最近我表示願重修舊好，他卻不肯承諾，只是和我有親密關係而已，我覺得很不安穩，請問我們的關係該繼續下去嗎？

聽林老師這麼說：

兩人的戀情斷斷續續，看似一直在談戀愛，其實從來就未能打好基礎，雙方都不夠成熟，尤其是妳，還不知道自己真正要的是什麼，還未準備好談戀愛就與家裡反目，投入男友懷抱中，相處之餘逐漸發現彼此的不相容性，總是希望對方順自己的意，因此吵吵鬧鬧，雖然曾有半年期間兩人有較成熟的表現，試著適應對方，但妳心中必有不滿足，才會捨愛情而回頭就親情。

本來親情與愛情之間是可以求取平衡點的，若是真心相愛，在妳搬回家住之後，男友應體諒妳想念父母之心，支持妳並繼續愛妳，鼓勵妳與父母溝通，請求妳家人接納他才對，而不是就此分手，且很快就另交女友來取代妳。從他交三個女友的事實看來，他很享受談戀愛，而且還在尋尋覓覓中。

男友當然很高興妳再回頭找他，他知道妳不會拒絕與他發生性關係的，這給他的感情生活多加上一筆彩色，但這並不是妳想要的。妳也不見得是真正愛上他，兩人在一起久了，往往誤以為習慣就是愛，因此請看清楚事實，你們的關係從未踏實過，他在兩人關係中的努力及付出均不夠，他的心並沒有完全在妳身上，為了妳自己的未來幸福，還是放他自由飛翔吧！

3 男女朋友的底線到底在哪裡？

愛情這個難題？

我們都是社會新鮮人，交往近八個月。最近A君換工作，情況不理想，變得很依賴我，有好幾筆信用卡帳都是我幫他付掉，而且每次約會都是我出錢。另外，他的日常生活小事亦需要我提醒，早上還得打電話叫他起床，以免上班遲到。

他平常對我不錯，我也願意做一個支持他生活的女友，但我自己工作忙還要照顧年邁的父親，越來越感到有壓力，只是我擔心若我不幫他做事，他會認為我很自私。我真的不知道男女朋友的底線在哪裡，我是否能不再照顧他，但繼續與他交往？

聽林老師這麼說：

你覺得A君有妳欣賞的優點，所以還想繼續與他交往，然而妳有沒有想過，他加諸在妳身上的壓力，就是他的缺點。他平常對妳不錯，妳願意替他分擔一些事情，當然很有情義，但妳的做法已逐漸形成不平衡的互動模式，他很自然地依賴妳成習慣，許多小事情累積起來變成妳的壓力，他並未覺察，而妳也從未跟他說起。

個性成熟的男女朋友之間的互動，理應是一方付出越多，另一方受到感動與啟發，亦會跟著付出。然而在你二人目前的關係中，妳做得越多，A君就做得越少。妳剛認識A君時，他似乎一切正常，也許是換工作不適應，心情不佳，妳在他最危急、最低潮時給於實質的幫助及精神上的支持，已經足夠了。應適可而止，否則妳就成了他的「母親」，而不是女朋友了。

因此守住自己的錢財，表明妳有儲蓄的需要，訓練他自己起床上班，引導他學習有條理地處理自己生活中的小事，不必給他太多的忠告及指引，給他空間時間去發揮潛能，進而成長。這當然是對妳倆關係的考驗，現在的他已經不是妳所期待的男友，倘若在妳的包容、關愛與支持之下，他仍無法漸趨成熟，妳與A君的交往就自然而然地很難繼續了。

4

爸媽不喜歡我男友

愛情這個難題？

父母不喜歡Ａ君，我們還是私下來往。他目前剛被資遣，靠六個月的資遣費生活，我下班後到他住處替他打履歷，不小心跌倒，手臂碰到他原來已有裂縫的玻璃茶几面，血流如注，他嚇得立刻打一一九叫救護車送我去醫院。

我手臂縫了六針，雖有健保，但自付額加上救護車車資，還是一筆大開銷，我是社會新鮮人，阮囊羞澀，自然是父母出錢。他們非常生氣，身為代書的母親說要告Ａ君，說他因玻璃桌面裂開不換才導致我受傷，我不覺得他有錯，目前我夾在中間，很難做人，怎麼辦呢？

聽林老師這麼說：

意外事件經常會發生，當有意外事故時，和解會比控告更有建設性。A君是妳男友，妳並不是第一次去他的住處，破裂的玻璃茶几面已經在那兒很久了，是妳自己不慎跌倒，並非A君動手推妳引起的，因此控告不一定能成立，而且A君第一時間叫救護車送妳去醫院，對於妳受傷的部分，他已經做了他該做的事。

但在妳與他交往的部分，他沒有做到一些他該做的事，當然關鍵還是在於妳。就因為父母反對，因此你們戀情地下化，他們從未視A君為女兒的男友，這回妳受傷，他們的第一個反應當然認為這個陌生人造成妳的不幸，非常生氣，再加上後來發現原來就是那個不受歡迎的A君，居然沒工作且窮到無法負擔妳的醫藥費，憤怒之餘，第一個反應就是要告他。

倘若A君是個值得妳愛的人，妳要爭取父母對他的了解與信任，他們才能逐漸接納他。妳要有勇氣安排A君與父母見面，讓他好言向妳的父母道歉，這次意外不幸發生在他住處，讓妳受傷、讓兩老受驚擔心了，請他們原諒並體諒。他可以強調對妳的愛，說明他正在找工作，且一定會努力，並答應等有工作領薪水後會還清妳的醫藥費，因為兩人還要繼續交往。不論妳父母當時接不接納，至少雙方有正式接觸，他們可以感受到他言行的誠懇，這將是一個好的開始。

5 難忘舊情人

愛情這個難題？

我今年28歲，與女友交往兩年，我知道女友對我死心塌地，將來會是好妻子、好母親，但我常卡在她的一些特質，如她毫無野心，只想要我送她昂貴的禮物，而且具有許多傳統的婚姻觀念，讓我覺得我將會為結婚而結婚，以後一輩子的生活現在就看得很清楚了。

早在認識女友之前，我對大學同學A女甚有好感，至今我們仍是好友，常分享許多生活瑣事，我擔心我若結了婚，就失去建立另一份感情關係的可能性。我常告訴自己要專注在女友身上，但還是不時會想到A女，怎麼辦？

聽林老師這麼說：

不知你是如何看出女友未來會是好妻子、好母親？僅因她對你死心塌地嗎？聽起來她是會死守著婚姻的，但婚姻生活需要兩個人一起來經營，才能豐富而有品質，你一方面享受女友對你的好，一方面又卡在自己的一些想法而沒有辦法更愛她，卻一直在引導她想像以後你們會結婚的美景。你以為你倆此種表面上的互相適應就是愛情的表現？其實是有點自欺欺人，不肯去正視兩人之間的鴻溝。

也許你以前不敢或不能追求A女，或者你在大學畢業做事後變得較成熟，從與A女的友誼互動中看到許多她的特質是你所欣賞的，且是女友身上沒有的，但無論如何，她並未視你為戀愛對象，你也沒有劈腿，A女只是你理想中的形象，所以目前只是你和女友之間單純合適與否的問題了。然而你的女友對你的想法卻一無所知，這就成為你自己的問題了。

男女相交越久，越能知道彼此是否適合共同生活，你與女友交往兩年了，了解頗深，應該認清楚她就是這種個性的女人，無所謂好或不好，只在於適合不適合。你心中若覺得結婚將是桎梏，或對結婚了無企盼，只因為女友跟定妳而不得不結婚，則應將感覺及想法誠實地向女友表明，兩人討論是要繼續再交往一段時間，還是協議分手。這關係著你自己一生的幸福，不能勉強自己，但也不能衝動行事。

6 八年感情，男友卻劈腿

愛情這個難題？

A君是我國中同學，因考進同一所大學才開始交往，畢業後兩人在台北工作，租屋同住，我同意他的想法，先努力存錢再談婚嫁。我的目標就是與他結婚，生三個小孩。但最近他向我驚爆B女懷有身孕，雖然不愛她也不願與她共渡此生，卻想陪她生產。

我心碎了，八年感情居然落得此局面。知情的朋友說A君一再向B女保證他愛她，我真的不知道是否能再相信他。我深愛A君，沒有他真的無法活下去，但又不想待在一個令我不快樂的關係中，怎麼辦呢？

聽林老師這麼說：

八年的感情互動對A君來說已不甜蜜美好，純粹是每日例行互動，不像在談戀愛，所以他開始偷偷與B女交往，不慎懷孕，卻因還在熱戀當中，他愛屋及烏，當然也想陪產，親眼看自己的骨肉來到人世。目前看起來至少他是不會離開B女的，如果妳可以忽視A君的行為，也願意承受男友是B女孩子的父親，妳當然可以繼續與他交往，然而他的行動已經顯示出該是他離開此關係的時候了。

A君個性不成熟，具有頗多負向人格特質，自私、懦弱、順著私慾、無責任感，所以才會有背叛加說謊的行為。想想看，當你們分手後，妳就不必容忍他的不忠，聆聽他的謊言，沒有撫養他小孩的潛在可能性。妳可以開始新生活，妳得勇敢地選擇，把自己放在人生的第一位，提升妳的標準，期待未來的伴侶是正直且忠貞的。

A君此種與兩女糾纏不清的關係，對兩個女人都不公平，他與B女的關係因有身孕而更為複雜。妳目前宜明哲保身，全身而退是明智之舉，因此勇敢地將A君趕出妳的心房及生活吧！一旦妳這樣做，妳會發現自己原來是有勇氣、有力量的，然後妳就會自問為何經過如此長時間才發現，原來沒有A君妳也可以活下去，而且活得非常好。

7 男友是個萬人迷

愛情這個難題？

我今年27歲，與A君交往兩年，我知道他愛我，我們也有結婚的打算。只是交往越久，我越發現在他的朋友圈中有一卡車的女性仰慕者，不論是大學同學、健身房朋友、電影社社友，甚至他妹妹們的朋友。

他對她們沒意思，甚至不知道自己被仰慕，直到我指出有人調情，也有人要求搭便車等。我要他注意言行，他說不想對女性朋友無禮，但會答應我一件事，就是絕不欺瞞我。我不悅的是他總是百分之百地投入女性朋友的要求，我到底該如何看待這些事？

聽林老師這麼說：

當初交往，妳只專注於男友與妳之間的互動，沒注意他與女性朋友之間的互動，時間一久，妳才驚覺他的個性特質原來不是只有妳看到的那一面。男友顯然個性好動，興趣廣泛，交友也廣闊，喜歡聊天，對人也熱情，也特有異性緣。現在妳認識他更深入，開始擔心他對異性朋友有求必應會超出朋友間的尺度，與他溝通後不覺滿意，因此心裡不悅。

男友強調絕不欺瞞妳，當然表示他愛妳，但他沒有顧及妳的情緒，儘管他與眾多女性友人只是朋友，但花太多時間去照顧她們的要求，相對地給他自己及給妳的注意力及時間就減少了。以適當語言拒絕並不表示他沒有紳士風度，妳可以再跟他溝通，不是不爽或不准他與女生互動，而是可以篩選而行之，也可避免對方會錯意。

妳也可以調節妳的想法並專注於管理自己的行為，加入男友的交友圈，真誠地與他的男女朋友互動，言談之間自然流露自我肯定及友善大方。不是要妳整天盯著他，而是要妳去體會妳是否有氣量及自信來參與男友的廣大生活圈與興趣，面對及接納男友的個性特質。

8 與前男友的最適當距離

愛情這個難題？

我大學時曾有過幾段爭吵不段不歡收場的戀情，都令我心碎痛苦，花了三到四年時間才平復。分手後都沒連絡，但去年及今年A男及C男分別在臉書上找到我，表達後悔與歉疚。B男甚至發過三次訊息，問我好不好，想跟我當朋友，我都未回應。

目前與F男交往已兩年，感情穩定，我並無他心。我只是在想，這些男生這幾年來或許有成長，他們回顧過去覺得自己也有做得不妥，所以想給未盡事宜做個了結，我是否該給他們這個機會呢？但我又害怕與他們聯繫上後，我的舊創傷又會被揭開？該如何做才好呢？

聽林老師這麼說：

妳花了三、四年時間才自我療癒走出情傷，現在又害怕傷口再度發炎，顯然妳並未完全克服情傷，還很在意前男友們對妳的傷害，並不想要原諒他們，那你又何必在乎他們是否在做某種心理上的「了結」呢？妳又不是他們的諮商心理師，沒有義務去幫助他們處理未盡事宜，何況未盡事宜又不一定需要當事人出現才能了結。倒是妳自己是否需要處理未盡事宜，不妨去找諮商心理師談談。

經過一兩年的沉思，妳的想法也漸趨成熟，會開始為別人著想了，妳可以選擇原諒或不原諒他們，但請記住，一個碗敲不響，要兩個人才能吵起來，當時的妳不也是年輕且意氣用事？其實妳只要簡單地回應前男友們的訊息，就足夠讓他們了結未盡事宜，妳也同時可將這些人及從前的關係置放在記憶的小角落，不要讓這些人事再來煩妳了。

妳可以這麼回答，「很高興收到你的問候，我很好，也希望你一切安好。」一簡單明瞭，有禮貌有風度，也表明妳的立場。當然，如果妳對自己沒信心，擔心回應是個風險，則大可不必理會，繼續過妳的生活，享受妳與F男的戀情。

9 選A或B，左右為難

愛情這個難題？

我今年30歲，相戀七年的A男本來答應要盡快結婚，卻一再拖延，且他經常認為我過胖，不夠漂亮，不會打扮，還會要求我的行為舉止，穿著品味，甚至食量等，看電視時不能放聲大笑。我感到壓太大，兩個月前選擇與他分手，內心痛苦難熬，畢竟我是愛他的。

好友B男安慰我陪伴我，並向我表白，且表示願意等我度過情傷。我承認與他在一起沒有壓力及顧慮，可以做自己，但他比我小5歲，工作及經濟來源不穩定，有時想法也不成熟，如果跟他在一起真的會有好的未來嗎？我的年紀已不能再等了，而且最近A男有意求合，如果我們復合，婚姻會幸福嗎？

聽林老師這麼說：

儘管A男一再挑剔妳，你必然有許多優點是他欣賞的，才會因相戀而論及嫁娶，到底是因他還未找到理想中的女性，還是他自己對婚姻無十足把握，才會拖延結婚想要改造妳。妳之所以狠下心來與他分手，也就是因在關係中不能做自己，壓力太大，其實妳也知道在如此的互動關係中，結了婚也是一樣，妳是不會快樂的。

B君是妳的浮木，妳和他還只是朋友，所以感到自由自在，妳得先把妳的心放在他身上，兩人平等交往，磨合諸事，才能知道兩人是否戀愛順利，未來可以發展婚姻關係。差5歲不是問題，他個人的走向及努力程度，以及你倆是否契合，還有待時間考驗，妳才30歲，還很年輕，35歲以前結婚生小孩都不會有問題，況且現代人多晚婚，妳真的不必以結婚為大前提，也不能因A君求和，就急著嫁給他。

問問妳自己的心，願不願意給自己及A君一個機會，重新認識及交往。只是你們才分手兩個月，他的覺悟及改變能有多少？與他恢復交往不是要結婚，而是說出妳的痛苦，觀察他的改變，傾聽他的期望，以溝通為前提，不要急著親熱，先從朋友做起，保持距離，考驗他的誠心。他若不尊重妳，等不及要批評妳數落妳，則妳大可不必回去過從前的伴侶生活。

10 男友突然對我愛理不理

愛情這個難題？

男友當兵前溫柔體貼，讓我好有安全感，由於我家在南部，一個人在台北工作，他父母常邀我去他家吃飯，相處融洽。只是他役畢進入職場後，突然對我變得愛理不理，找藉口不見面或出遊，連一起吃頓飯也困難重重。

兩個月來我旁敲側擊，才發現他與前女友死灰復燃。他母親在前女友面前揚言只承認我為媳婦，請「第三者」走人，男友因此甚為反感。我對男友劈腿寒心，對他母親的情感牽絆又不知如何是好？

聽林老師這麼說：

男友與妳交往時，心中只有妳，他將他所有的愛都給了妳，妳也同樣地愛他，雙方付出平等，是真誠的互動關係，而且他母親也中意妳喜愛妳，妳很享受這份感情關係。男友可能是在當兵時心裡寂寞，時間難熬，以書信與前女友重新聯繫，而前女友認為自己先來為上，問心無愧，雖然男友知道對妳有愧，卻無勇氣面對。

即便被妳發現了，他也沒打算離開新（前）女友，可見他的心已經全部在她身上，妳已經不是他生活的重心，他的溫柔體貼特質已不再出現在妳的生活中，他甚至不想跟妳見面，以逃避來應對妳的呼喚。足見他在感情方面的不成熟，沒有能力處理自己的愛情關係，完全不顧妳的感受及對妳的傷害，「寒心」這兩個字的確很貼切。

妳個性好，討長輩喜愛，又特別得他母親的緣，男友有新歡（舊愛），母親難以接受，她之所以挺妳，一方面是她真的喜歡妳，一方面也是她對兒子的前女友本來就沒好感，所以她有她自己的想法。妳當然不可能因捨不得她而留在這個變調的關係中，既然已無法挽回，還是得儘快面對現實，與男友切割乾淨，向他母親說清楚，開始過自己的新生活，但是過年過節還是可以打電話向伯母致意的。

11 同性婚姻，滿腹委屈

愛情這個難題？

我父親是社會上有頭有臉的人，為了不讓他為難，我大學畢業後就搬出去與同志男友住，他的父母在南部完全不知道。我們志同道合，參加同志遊行，熱心同志運動，因為兩人都從事自由業，沒有怕同事知道的顧慮。

最近我們「結婚」了，住進共同購買的小公寓中，享受完全屬於我倆的空間，平常外出，我們並沒有特別親熱，但左鄰右舍可能看出我們的親密，不是瞪眼直視，就是一臉不屑，我們都微笑以對，但心中委屈。我好友珍珍與她同志女友同居五年，她說鄰居都很和善。我想搬家，但是否搬到哪裡都一樣？

聽林老師這麼說：

你們兩位志同道合，感情深厚，有共同的人生目標，一步一步實現，買房子居住是明智之舉，只是每一個社區都有不同的特性及文化，你住的社區居民可能年齡層稍高比較保守，加上正好碰上好管閒事之人耳語八卦，使得有些鄰居對你倆另眼相看，進出時碰上，好心情也會變陰霾。珍珍所住的社區可能較年輕化，而且兩個女孩子住在一起，旁人比較不會往同性戀方面去想。

人與人相處應該互相尊重，仁慈以待，你倆能對鄰居笑臉相向就是寬大仁慈。他們的成長環境與生活哲學不同，對許多事情，包括對同性戀有偏見，這不也是你們在社會上努力疾呼的原因嗎？要給自己心理建設，不要害怕出門遇見鄰居，保持禮貌維持笑臉，旁人看習慣了就會接受你們的善意，隨時留心左鄰右舍有沒有需要幫忙之處，熱心協助，受助之人必會感動，不久的將來自然能融入社區。

因此沒有必要搬遷，房子都已經買了，必是你倆均中意的地段及喜愛的房子，時間及心力是要用來布置愛巢享受家居生活的，正如你所言，搬到哪裡都有可能面對同樣的問題。只是你們可以多花點心力時間與社區成員互動，讓大家看到你們的善良、純真、寬大及笑臉，自然能交到知心的鄰居朋友。

12 工作、家人、男友，哪個最重要？

愛情這個難題？

我今年27歲，大學畢業後努力工作，表現優異，最近升成中級主管，經常要開會、與客戶見面，又要經常加班，越來越忙，我的目標是在30歲以前擔任高級主管，可以常有機會去外國出差。只是我那交往兩年的男友及親愛的父母都已經開始抱怨我不見人影。

周末不加班時，我想休息，但父母要我留在家與兄姊團聚，男友要我陪他出去玩或去他家探望他父母，不論我怎麼安排，都會有人抱怨，唉，我到底要如何處理才不會傷害到任何一人？

聽林老師這麼說：

妳年輕有幹勁，人生有目標、事業有願景，妳有才華有智慧，公司大小事、同事及客戶妳都能應對，工作越做越上手順心，也就是因為太專注於工作，一切以公事為重，很自然地忘了時間，或者刻意加班，以致於忽略身邊人的需求，無法在工作、愛情及親情三者中求取平衡。

妳現在是中級主管就已經這麼忙了，以妳對工作的抱負及願景，妳將會越來越沒時間留給自己及家人，尤其如果妳想要有小家庭、生養小孩，以後還有親子關係要維持，因此在工作與關係中求取平衡將是妳人生中的重大挑戰及長期任務。諸多種關係中，最主要的是妳與自己的關係，妳得做有人性的妳，而不是一投入工作就什麼都不管了，當妳因工作而耗竭時，妳就什麼都沒有了。

因此，你要將自己擺在工作之先。妳要訓練自己珍視每一分鐘的時間，善加利用及分配，每天再忙也可以抽空與男友通電話或下班後小酌，周末撥三至四小時與家人相處也非難事，重要的是妳的心隨著妳的形體出現，要在他或家人身上。相聚是重質不重量，當他們感受到妳的真誠，他們會因感動而樂意配合妳僅能給的有限時間。

13 我很喜歡他，但不想當小三

愛情這個難題？

大三與A男交往三個月，因父親極力反對，忍痛分手，沒多久他就和同校B女談戀愛，治癒了情傷。畢業後半年，在路上巧遇他，相約喝咖啡聊天，非常愉快，此後他就一直約我，我是很喜歡他，但不想當小三，因此強調若他未與B女分手就不要再跟我聯絡。

一個月後他來找我，說已與B女分手，我們很快陷入熱戀，兩個月後被B女發現原來男友劈腿，結果兩個女人都跟他分手了。至今已兩年，B女突然主動聯繫，密切邀我聊天逛街分享心事，我感到困惑，她是真心與我為友呢？還是報復心驅使？以前在學校我們只是點頭之交啊！

聽林老師這麼說：

初戀很難忘懷，尤其當初是因家長反對被迫分手，兩人依然思念對方，因此一年半後重逢時感覺都回來了。在妳以為A男已無牽掛時又重新投入愛情的懷抱，原是很自然的發展，但因妳太專注於戀情，忽略了A男的舉止言行，一個男人要同時應付兩個女人是不容易的，所以後來妳有被騙的感覺，而B女更是被不公平的對待，美好的戀情一下子變成空洞的欺騙，相信三位當事人都不會好過的。

目前妳對於B女主動與妳為友感到困惑，不論她的動機為何，最重要的是妳自己是否已經克服了與A男的情傷。如果往事已逝，不會再觸動妳的情緒，則妳可以很理性地來投入妳與B女的互動，觀察她的表情，感受她的誠意。你當初聽父親的話與A男分手，後又因他腳踏兩條船而再分手，都是理性的做法，而現在妳也可以做理性的思考與溝通，想想B女有什麼值得妳花時間與精神交往？有沒有這個朋友對妳有什麼影響？也不妨聽聽她怎麼說。

B女也許朋友本來就不多，由於妳倆是同校同學，有共同背景，加上因為A

男的關係，她與妳才產生了微妙的交集，也許B女覺得妳們兩個同為受害人，後來都放手了，是同一條船上的人，所以她贊同妳的作為而選擇與妳為友，否則她又何必浪費心神與時間在妳身上？這些都是可能性，最終的答案還是得由妳自己去找出來。

14 遠距戀情有沒有將來？

愛情這個難題？

我今年大二，未交過女友。三個月前在網路上認識在香港上大學的A女，由打字聊天轉為視訊對話，每天都得在線上見，已到了難捨難分的階段，我走在路上都會想到她，她也說每天想我。

我們互訴衷情，也確定彼此相愛，但是我們還未見過面。我擔心這樣的戀情能持續多久。以目前的忙碌學業及經濟困難，我們不可能在短期內見面的，請問我們有將來嗎？

聽林老師這麼說：

很多人都有在網路虛擬世界中談戀愛的經驗，有人都愛到以老公老婆相稱，甚至發生網路性愛。這種強烈的吸引與連結，一旦到了真實世界時有可能很快地就降低或消失。因為在網路上你並非真正面對或接觸對方，你抱的是電腦，是彼此堆砌的文字在提升雙方的情緒，你以為你專注在對方身上，其實只是自己的情緒高漲而已，對方亦然。

愛固然是無形的，不可觸摸的，但愛情需要雙方真實的感覺，如眼神注視、語言及肢體動作，身體的接近與觸摸等，而不是只停留在螢幕的畫面上。因此你的顧慮是正確的，如果你們不找機會見面交流，再過一年半載，這段網路戀情就會逐漸淡去的，而你也不會傷心欲絕，因為無疾而終和不得不分手/被迫分手是不一樣的。

在虛擬世界中的人們，有可能比在現實世界中較好或較差，只有見了面才能體會，而且要經過一段時間的真實互動，才能感覺到彼此是否合適，能否互相適應，以及愛的感覺是否源源不斷，日益增加，如果你與女友可以見面，開始真實交往當然最好，若無法見面，你也要有心理準備。你還年輕，網路戀情可以說是你兩性人際關係的開始及練習，尚有許多可以學習及改進之處，以後的戀情才能實在及滿意。

15 適合當情人，卻無法當老公

愛情這個難題？

我原本在醫院福利社當店員，遇到年輕高帥能言善道的A君，他每一次到高雄跑業務，銷售高級醫療器材，就來向我示愛，我昏了頭，辭了工作，跟他到台北同居，甜蜜生活了一陣子。問題是他常出差，有時還得去大陸，我一個人在台北又沒朋友，天天在家看電視做筆記學做菜。

六個月來我覺得他適合當情人，無法當老公，而且他也還不想結婚，我想出去找事做，他反對，說會養我，讓我衣食無虞。說老實話，我想回高雄找工作，親戚朋友門路多。為此我們吵了幾次架，我對他的感情越來越淡了，也後悔為何要同居，好混亂啊！

聽林老師這麼說：

當初雙方互相吸引時，感覺很奇妙與刺激，陷入熱戀時則甜蜜難分離，由於不捨北高兩地相思，妳做了很大的決定，辭去工作北上同居，就為了享受兩人世界。然而現實生活中並不光是兩人世界，激情過後各人還是得有自己的生活，A君的生活照常進行，妳的生活卻不再充實，戀情並不能填滿生活中空洞的部分，自我感產生危機。

另外，六個月的共同生活，妳就更了解男友的個性與生活習慣，以及人生觀，意識到他並非適合結婚的對象，而戀情就是再熾熱，也會因慣性而逐漸平淡，再加上A君未尊重妳的意願、感受及感覺，只期望妳待在家中，關係危機於是逐漸浮現。現在妳越來越專注於自己的情緒，很想掙脫感情的枷鎖，做回原來的自己。

妳當然要對自己的感覺忠實，妳在台北不快樂，跟A君在一起也沒什麼展望，如果妳不想過這樣的生活，就要好好與A君懇談，直言想搬回高雄並找工作

做，雙方還是可以當朋友，多說說妳的感覺，並解釋是雙方觀念不同，需求也不同，也許兩人分開會讓各人更自在、更成長。A君可能一時無法接受，妳得低調且耐心地說服他，以你們目前的關係來看，分手會比繼續在一起更有建設性。

16 男友沒有事業心

愛情這個難題？

A君是學長，我大四時他已服完兵役，在電腦公司上班，兩年來我們相處融洽，他對我很體貼很順從。現在我快畢業了，在拼研究所的入學考試。從小父母就教導我們人生要有目標，且要一步一步達到。我打算讀完研究所當會計師，以後開事務所。

我發現男友並非目標導向，他不會想要努力工作獲得成就，他覺得即使設定目標也很難達到，反正公司交待的事一定會做好，剩下的時間就是自己的了。只要有工作就有收入，沒什麼好規劃的。我很愛男友，他對人生缺乏驅力，請問若我們結婚會幸福嗎？

聽林老師這麼說：

以前過的是學生情侶生活，學校中的大小事就填滿了日常生活，夠你們忙的，所以還沒有時間及心思想到未來。現在快畢業了，感到現實的壓力，妳才看到兩人對於未來的規劃完全不同，妳已有很明確的近程及中程目標，而男友則隨遇而安。他認為兩人感情好，自然會走上結婚之路，只要有工作就能生活，沒什麼好擔心的。

妳與男友個性不同，且一個有規劃，一個聽其自然，其實是可以互補的，有一些夫妻，妻子上班當主管，步步高升，而丈夫選擇兼職，以便有更多時間在家做家事並與孩子親近，只要夫妻雙方看清彼此的個性差異，接納這些特質，就能和平相處依然相愛。由來信看出妳似乎不能接受男友看待人生的方式，妳很希望他能有妳父母及妳的人生態度。

你倆原本就有許多差異，只是妳以前沒注意到，而兩人也從未就人生觀交換意見及深入討論，以致成了妳現在的擔憂，就算妳提出來與他懇談，也很難在短期內改變他的個性及根深蒂固的想法。現在談結婚是有點太早，要維持關係就得互相尊重差異性，接受目前的他，然後不斷地溝通，也許他會被妳影響，開始看到未來，並用心規劃。如果妳覺得妳所規劃的未來必須是有確定性且立即行動的，則男友並非可以併肩作戰的人生戰友，妳可能要另外找尋與妳相似的對象了。

17 很愛一個人就要有親密關係嗎？

愛情這個難題？

我23歲，跟28歲的男友交往不到一個月，他常要求我幫他服務。我要求慢慢來。有一次他說想休息，帶我去飯店，進了房間才發現並不是這樣，我仍拒絕他，說：「要很愛一個人才會把自己的身心給對方，我現在還稱不上愛你，也還不信任你。」

他答：「那是因為妳沒打開妳的心，每次我摸妳妳就拒絕，說甚麼太快，這是正常過程！」、「哪有女生像妳這樣」、「要做了才能確定妳是我的人」、「你要試才會變成真正的女人」……我無話可說，脫掉上衣，他還要求脫掉褲子，我拒絕他，他說，「那下次就要脫掉了！」我沒戀愛經驗，想法會很奇怪嗎？不是很愛一個人才會有肉體關係嗎？我該怎麼辦？

聽林老師這麼說：

妳的性愛感情觀正確，交往不到一個月，彼此的瞭解還很粗淺，當男友要求「性服務」時，妳根本對他沒感覺，所以很明白的說「現在不想要」，他怕到口的肥肉會不見，乃使出各種花招想要妳脫衣就範。妳順從自己的感覺是對的，而且妳應該可以感覺出男友對妳的肉體比對妳的內涵及個人成長背景感興趣得多，他的腦中只有「碰、摸、脫、服務」等動作，卻沒想到感情是雙向交流，得慢慢培養的。

兩人有好感，互相關心，分享生活中的許多事，彼此訴說傾聽，給予支持及安慰。當雙方生活貼近，心也緊靠時，那種強烈的一對一相屬相愛的情愫就會產生了，手拉手感到溫暖，身依身有安全感、信任感，然後才會自然接吻自動摟抱，逐漸產生對彼此身體的渴望。男友因私慾而對妳說些似是而非的話，甚至指責妳，完全不懂得尊重妳憐惜妳，只是要征服妳，享受他自己性欲的快感。

沒有戀愛經驗不可恥也不必擔心，碰上自私的壞男人則會令妳一輩子後悔，

仔細想想，男友有何可取之處，除了聊天吃東西玩樂之外，他有何人格特質令妳喜愛？感情不能強求，性愛更是不可隨便。只有雙方都很投入於感情基礎之建立，才會產生很愛很愛對方的感覺。

18 我們到底是什麼關係？

愛情這個難題？

與男友認識五年，目前他在台北創業，我在嘉義準備考公職。當年他辦過很多活動，我們一群朋友參加。我離職時他請吃原燒；第二次離職他又請吃王品，還送我音樂盒。去年他到嘉義出差，我約他晚餐，當時沒太多話題，但一小段時間感覺他盯著我看；另一次他和同事出差，我請他吃午餐，感覺他不自在，因我當時顧著和他同事聊天。最近他都沒跟我聯絡。

我曾問我倆是什麼關係？也問過他喜歡我嗎？他都沒回答。他曾說信仰不同會是問題。幾年前他曾說要等到存夠錢才會結婚，他答應我的事總是能做到，也曾幫我油漆房間，我想幫忙，他只讓我掃地。他從沒親口說喜歡我或希望與我交往，因此我也不能確定要不要等下去。我該如何做？

聽林老師這麼說：

認識五年已建立良好的友誼，顯然你們大夥兒都是好朋友，因此偶爾出差會見面吃飯聊天。從妳與他的互動看來，似乎不會有進展，因為他若要追妳，他有太多的機會及方式可以表達。現代通訊科技如此發達，寫電子郵件、上臉書、LINE或Skype，都可以敲字聊天暗傳情話，他並沒有這麼做。

最近一兩年妳的主動性較高，請他吃飯，他可能怕說錯話引起妳的誤會，所以話不多也不自在。而妳問他妳倆是什麼關係，以及他是否喜歡妳，就是一種告白方式。他當時未回答，亦未在事後表白，也就說明了他以不變應萬變，不想傷了妳的心。聽起來他是個有遠慮有目標的人，信仰不同思考方式就不相同，這對夫妻感情是會有影響的，而他現在正在創業，還在打經濟基礎，也是想要達到他存錢結婚的目標。

他是個很照顧朋友的人，朋友要求之事他都會幫忙，何況妳是女孩，當然不會讓妳做粗活，的確是很好的朋友。妳也別再盼望什麼了，你倆之間就是不常見面的好朋友，有機會就見面享受相聚的時光，品嚐友誼的甜味，不要把他當成心中戀愛的對象，還是回歸現實，找一個有好感又願意與妳交往的對象，腳踏實地地談一場戀愛吧！

19 愛情與親情，真的很兩難

愛情這個難題？

我今年大二，與大三學長交往半年多，已有親密關係，我們小心避孕，溝通觀念，盡力維持安全而健康的性關係。男友父母讓我們同睡一房，尊重且接納我。然而我父母若知道了，可能會把我打死或關起來，他們自小就教導我不可有婚前性關係。

我好愛男友，但也很想符合父母的期待及信任，但事情都已經發生了，且我剛滿18歲，我是否可以過我自己想要的生活？我了解性的意涵及結果，我得對自己的行為負責，請問我是否該誠實面對父母，儘管他們會使出激烈的手段？

聽林老師這麼說：

妳和男友能有正確性愛觀並小心避孕，是對自己的性行為負責，的確是有健康的性觀念，但整體健康的等號應是擁有一個平衡、誠實且整合的生活，也就是能對有養育之恩的父母坦然。目前妳只對接納妳行為的男友父母公開，卻無法坦誠面對反對婚前性行為的父母，這就是妳最大的矛盾處。

妳其實是想過自己的愛情生活，卻被隱瞞父母的罪惡感所籠罩，心中不安。只是妳已成年，交男友是妳的自由，沒有理由不讓父母知道。既是妳愛的人，就更應該帶回家讓父母認識，在妳家當然就要遵循父母的規矩，以禮互動，不要有親密舉動。他們是絕對不會開口問性事的，妳也就沒有必要主動讓他們知道妳們的親密關係。

父母反對婚前性行為當然是擔心妳會吃虧，既然妳知道自己在做什麼，且懂得保護自己，妳就不需要有罪惡感。不說並不表示欺騙，重點在於讓父母接納妳與男友的交往，並祝福你們。華人父母很少會主動接納子女的婚前性行為，男友父母也是擔心妳倆在外投宿或休息不安全，才寧可讓你們同宿家中，因此請勿將他父母與妳父母同等比較，目前妳還是學生，還需家裡的支援，也還有許多應向長輩學習之處，愛情之路性愛之事要慢慢走，也要多參考長輩的意見。

20 男友與其他女生打嘴炮

愛情這個難題？

認識A君已十個月，他下班後常到我住處陪我。某晚他離開後，我看到我電腦上他忘記關閉的臉書網頁，基於好奇，我忍不住進去偷看，閱讀他的舊留言，發現他認識我之前曾和幾個女生打嘴炮，性言性語的，還滿肉麻的。

我從未想過他會欺騙我，但看了這些訊息之後我就重新思考這個問題了。我也知道自從我們開始約會之後他就沒再留言了，只是我已經對他的人品產生疑問了，該如何是好？

聽林老師這麼說：

每個人都有過去，A君也可能對性愛情慾有過荒唐的想法或行為，然而從妳的來信內容判斷，妳的偷窺其實是印證了妳識人無誤，而非產生懷疑。臉書的好處之一是時間寫得清清楚楚的，證明了A君與妳交往後就再沒有在臉書上與女生性言性語的胡扯，表示他是認真與妳在交往，且與妳相處的魅力大過臉書上的瞎聊天。

不想知道男友認識妳之前的種種荒唐細節是自然的，但妳偷看了他的臉書，已經被迫獲知他曾與其他女生有曖昧的性言性語，一定很不愉快，好在他只是聊天聊得爽，也沒有真正顯示做過什麼荒唐或縱慾之事，何況妳也知道他並未做出對不起妳的事，因此大可不必自妳的新發現來質疑A君的人品或指責他的行為，畢竟這都過去了，都是在認識妳之前發生的。

既是偷看，就要放在心中，不去提它，重要的是相識之後的交往。不妨仔細回想你們交往以來他的談吐及行為表現，他平時是如何向妳提臉書的，用心觀察此君的一舉一動，並找機會交換性愛感情婚姻觀，感受你倆之間的大小互動，體會並思考這份感情是否適合妳，以及妳是否願意與這個男人繼續交往下去，這才是戀愛時該做的功課。

21 訂婚了，他卻不想結婚

愛情這個難題？

吃完生日大餐後，男友安排了一個驚喜節目，就是帶我去挑訂婚鑽戒，好開心，只是至今已五個月了，他還未向我求婚，我問過他何時訂婚，他就不耐煩，兩次都大吵。他的理由是尚未準備好，還在等待最佳時機。

我們約會了兩年，我沒計較他在大學時曾讓女同學懷孕，墮胎，也訂過婚，但後來分手了，問他是否與他的往事有關，他否認，眼看朋友們個個訂婚結婚，我壓力好大，好氣他如此傷我的心，我該怎麼辦？

聽林老師這麼說：

男友愛妳，才會在妳生日那天帶妳去買鑽戒，以行動來示愛，表示兩人會有將來，只是他目前可能還有許多其他的顧慮，各方面都還沒準備好，妳若勉強他訂婚結婚，以後兩人若吵架，他會覺得有被迫及被控制感，並非他所願。因此等他準備好，他就會創造出他的最佳時機。

不論妳是否在適婚年齡，天時地利人和才能有好婚姻，不需要因同儕壓力而急著結婚。別人結婚與妳的婚姻無關，她們有自己的生活及步調，最重要的是把妳與男友的感情基礎打好，既然未來要共同生活，婚前就得多交流彼此的觀念及價值觀，瞭解對方，學習磨合並接受差異，婚後的生活才會較輕鬆及容易適應。

目前妳得先接受事實——男友還沒準備好，所以你們還是未訂婚的情侶，和平相處，支持他朝未來共同的目標努力。如果妳擔心先前的兩次大吵已使訂婚成為敏感話題或禁忌，最好是找機會心平氣和地與男友懇談，告訴他妳經過深思沉澱，可以瞭解他的心態，願意繼續享受戀愛，耐心等他準備好，以後不會再提訂婚了，男友壓力解除，當他準備好時，他會主動提出的。

22 女友的父母對我的工作有意見

愛情這個難題？

我與女友是大學中文系同學，畢業後她安於做文編，我卻拜師學木工手藝。我自小就喜歡玩木頭釘小椅小桌，當完兵後學了三年，參與好幾件室內設計案。如今母親聘我替她設計新屋內的所有木製傢俱，有薪水拿又可自由發揮，何樂而不為？

我爸（我父母離婚）反對我靠母親吃飯，他覺得她在拉攏我，我爸寧可替我介紹他朋友的案子，而我女友的父親認為我不務正業，說我沒出息，反對女兒與我交往下去。我真的很煩，文學是我的嗜好，但木工才是我有興趣的工作啊！

聽林老師這麼說：

大學課程雖有專精學科，卻也是通才教育，其實有許多人跟你一樣，一邊就讀某學科，一邊在尋求自己真正的興趣。你自小就有玩木頭的喜好，長大後興趣更濃，還拜師學藝，不僅如此，甚至想當終生職業，也就是說你摸索出生涯目標了。而正巧母親家需要做室內工程，給了你一個機會發揮所長，並維持生計，只是父親及女友的爸爸大大潑你冷水，令你高興不起來。

一般人認為讀到大學畢業應坐辦公桌，而不是成為藍領階級，其實像你的工作既要用腦又要用手，是勞心又勞力的工作，且有藝術性，非常不簡單，並非純粹的木匠工人，可以說是理論與實務兼俱，對於女友父親你現在百口莫辯，只有等做出成績，他才能了解你的功力與工作性質。女友應經常盡心盡力向父親說明你的聰慧及潛力，也可以將你的成品拍攝給他看。

你父親對於前妻的私怨不應該加諸在你身上，不妨理直氣壯地告訴他，媽媽的案子完成後可以當成作品，拍成照片或開放給未來的業主參考，這是一個很好的機會，你不想放棄。你還要多與女友溝通，讓她知道你是很快樂地在工作，將來必能做出成績，自己開個工作室，因此需要她的大力支持與鼓勵。

23 「宅」男友

愛情這個難題？

我今年28歲，最近室友結婚搬出去，相戀兩年的男友搬進來同居，南部的父母還不知曉。才住兩個月，我就覺得與他同居是個錯誤，感覺很難再愛他了，我也談不上來是為什麼。男友以工作為上，可以鞠躬盡瘁，每天下班後抱怨累死了，什麼事也不想做，連垃圾也不肯倒，所有家事都是我在做。

週末他不是帶工作回來做，就是在家看電視，說是「休閒」，無法拉他出去逛街遊玩，我很喜歡這個租來的公寓，剛簽了一年的新租約，若請男友搬出去，我無法負擔全部房租，且表示我和他也玩完了，該怎麼辦？

聽林老師這麼說：

沒有住在一起的戀愛生活與同居的戀愛生活是完全不同的，但並不表示婚前一定得同居，兩人在戀愛時就得先了解彼此的價值觀、生活習慣及人際關係，若差距太遠且無法磨合，時間久了，雙方就會發現彼此的不合適性。妳先前可能只注意並享受約會時的兩人世界，沒有仔細觀察男友的個性及生活哲學，卻在同居後看清楚他原來是「男主外，女主內」的潛在大男人主義者，未意識到同居的相互責任及顧慮妳的感受。

如果妳對男友的愛已消失，下決心不在這份關係中做努力，那妳就得做分手的準備。原本是兩人分手之事，現在卻因租約及租金之事將妳卡住，且妳自己似乎也眷戀住了好一陣子的公寓，只是現在妳是如此不快樂地生活在此公寓中，即使男友肯搬出去，妳也容易觸景傷情。因此，若能自個人儲蓄中撥一筆錢或向親友借貸，與男友在租金方面協商，讓他繼續住下去，甚至幫他招貼找一個男室友分租，也是一種解決方式。分手當然要請男友搬出去。兩件事一起做並不容易，而以吵架或指責來分手是不恰當的，必須要找時間盡量與男友溝通，讓他了解他不能滿足妳所需要的生活，而妳也無法再提供他習慣的同居生活，在雙方心理上均能接受後才能和平分手，好聚好散。

24 難忘前女友

愛情這個難題？

A女在我們熱戀時突然提分手，她是第一個與我有身心連結的女孩，我好受傷，變得沮喪憂愁。雖然已經認清失戀，但還是無法振作，經常會想到她，我也知道我不應該這樣啊！我以交新朋友，與他們夜晚出外飲酒玩樂來恢復自信心，也試著交新女朋友，但每一個我有興趣的女孩都在交往不久後就散了，我覺得疲倦又挫折。

我是應該專注於交朋友，擴大社交圈，還是試著找一個親密關係？我覺得新關係最能讓我忘掉A女！

聽林老師這麼說：

進入新的男女關係最糟的理由就是想要忘卻前面那個失敗的關係。你近來想要與其他女孩建立感情關係卻屢屢失敗，原因就在於你自己根本還未準備好進入一個新的關係，她們在相處時能夠感覺到你的不安全感與焦慮，也不喜歡你心神恍惚的言行舉止。

來函並未提及因何種原因A女提出分手，你從熱戀變失戀，打擊必定很大，但這並非是你的過錯，也不是你不夠好，而是雙方合適與否的問題，何況分手也許是A女本身的問題，雖喜歡你卻愛你不夠，又不知如何溝通，只好以提分手來逃避這份關係。你有試著努力想走出失戀，認清現實，但你卻仍頑固地將A女放在心中，尤其是將她與其他女孩比較，當然就更忘不掉她了，努力也就無效。

你要對自己下功夫，生活要規律正常，並提升自信心，了解到若碰到對的人，你是有真實材料可發揮的。也就是說，人各有長處，只要發揮優點，自可找到欣賞你優點的知心人，但不是要你亂交朋友或亂找女友。你當然可以真心交友，建立友誼，尤其最重要的友誼就是你與你自己的關係，當你對自己有信心，更愛自己時，你就可以忘掉A女了。

25 男女間真的可以維持純友誼嗎？

愛情這個難題？

A女是我四年前同事，偶爾會見面聊天。半年前她介紹高中同學B男給我，是個很不錯的男孩，出去了幾次，談得來也很開心，只是他倆的友誼有點令我擔心，男女間真的可以維持純友誼嗎？

B男高中時追過A女，後來各自考上大學就沒再來往，也是三年前開同學會時他們再相逢，從此變成無話不談的好友，而A女已有感情穩定的男友了。由於大學同學C女最近發現男友與所謂的好友D女關係曖昧，來向我哭訴原來男友一直在劈腿，我開始擔心B男與A女是否還有某種情愫，還是只是我的妄想？

聽林老師這麼說：

友誼的發展是因談得來，互相欣賞及信任，可以是同性，也可以與異性。有的人正好與某相異個性者相投，聊得投機也重視對方，但並沒有男女相吸的感覺，他們就維持好朋友關係，日子一久友誼經過考驗，是為純友誼。A女與B男雖在高中時交往過，並未海誓山盟或愛得死去活來，畢竟當時太年輕。等到再見面時已是不同情境及心境，但彼此都看到對方身上的優點，以現在的心態交往，而發展出以同學之誼為基礎的純友誼。

他們的友誼的確很特別，而A女與妳的交情也不錯，認識四年，半年前才搓合妳與B男，必然是對妳觀察深入，了解頗多，覺得你倆登對。因此她一定會尊重妳與B男的戀情，而妳與B男也才開始發展，妳還是多用心來經營彼此的心理親密關係，才能獲知男友更多更深入的想法。

任一方情侶都有可能欺騙對方，劈腿他人，要防是防不了的，擔心也是白擔心。A女對妳算是坦誠開放，相信她也深愛她的男友，必會小心處理她與B男的友誼。如果妳將A女想成假想情敵，那妳又將如何與B男發展正常的戀情呢？還是回到現實，專注發展妳與B男的關係吧！

26 我出櫃了，希望能得到祝福！

愛情這個難題？

我今年24歲，出生於基督教家庭，一直掙扎於自己的性導向，今年進入研究所，才開始完全接納自己是男同志，也願意向好友出櫃。所上要好的同學A女因功課常相處很談得來，當她獲知我的性傾向時，她自在地接受，但開始問我一些如何在基督教家庭及教會自處的問題。

後來她說我躲在基督教教友身分的後面很安全，我聽了很不悅，但耐心說明，心中帶著秘密而對家人及教會一點都不容易！此後她又說了許多類似的話，我越來越無法忍受，很想逃避她，但上課及分組討論都得碰面。唉，我出櫃是要接受祝福，而不是接受盤問或批評，請問我該如何處理這份友誼關係？

聽林老師這麼說：

A女不是不關心你，而是關心過了頭，她以自我的思維發問來滿足自己的好奇心，並未用心進入你的內心世界，同理你在宗教與性導向之間的掙扎，卻反而批評你以教友的身分做掩護，所以沒向家人朋友出櫃。她不懂同性戀，不知者不為罪，你就別把氣憋在心裡，如果你不想以好友身分耐心教育她，你當然可以選擇離開這份友誼。

但該要面對的還是躲不掉，你可以逐漸淡化兩人之間的關係。你不用再與A女分享私密話語，仍然對她彬彬有禮，倘若她繼續問一些你不想回答的問題，你要溫和、堅定且老實地告訴她，你不喜歡她就你個人性傾向這個議題發問或批評，這是個人很深沉很重要的議題，她可以接納或不接納這個同志同學，但不能總是質疑或好奇。

即使你已經準備好向同學朋友出櫃，也要選擇適當的對象，你當然希望身邊環繞的是友愛你支持你的知心朋友，所以應慎而為之。因為像A女這種心態，甚至完全不瞭解或無法接納同性戀的人在社會中還是有很多，你自己要有心理準備，不必覺得被冒犯或被傷害，祝福你！

27 要不要生孩子沒共識

愛情這個難題？

我和女友相戀兩年，今年夏天剛訂婚，週末她就常來家裡過夜，媽媽一再表示想早點抱孫子，她才正色地跟我說婚後不想生小孩，我們從未討論此議題，因為我以為她跟我一樣喜愛生養小孩，有了家庭生兩個小孩是我的規劃啊！

幾經溝通討論達成協議，若婚後三年她仍不生小孩，我們就和平分手，但我害怕這三年期間有如定時炸彈的計時器，會影響我們的關係。請問是我太自私，沒有顧及她的心理需求嗎？我又如何向母親交代呢？

聽林老師這麼說：

想要生小孩是人之常情，怎麼會是自私呢？但一個要生，另一個不生，就產生夫妻人際衝突，你心中的願望一直沒有被滿足，然後又被母親唸，婚姻生活中有壓力，你和她都會感受到的，的確會影響夫妻感情。你們雖然達成共識，以三年為期，但你是不會改變初衷的，這等於是要她在三年後點頭生小孩。如果她是從小立志不生小孩，則不用等三年，現在就可以預見結果。

因為你倆相愛，都願意給對方及自己一個緩衝時間，尤其現在正在熱頭上，想分也分不開。所以她希望你婚後能慢慢改變想法，而你也打算逐日說服她生小孩，到時候如果各人希望落空，還能好聚好散嗎？生小孩也要養小孩，這是一個承諾，必須夫妻雙方都心甘情願地投入，婚姻才能維持，小孩才會幸福，因此設定一個期限並不見得是個好的解決方法。

以目前情況來看，不要急著結婚，兩人繼續談戀愛，也要談許多婚後的生活，彼此交換看法及人生目標。在越來越多的互動中，也許女友會因個人成長及愛你，她願意改變心意生養孩子，則你們可以擬訂兩個三年計畫，即婚後前三年不生小孩，第二個三年生兩個小孩，如果戀愛續跑而無共識，也只好解除婚約了，寧可婚前分手也不要結婚再離婚。

28 我大三，我吃避孕藥

愛情這個難題？

我今年升大三，曾交過兩位男友，均無親密關係。我身邊有兩位同學因懷孕而墮胎，後來跟男友也散了，另兩位則是因衝動而行事，總是在擔心懷孕。我目前雖無男友，但未雨綢繆，我可不想擔懷孕的風險，所以準備開始吃避孕藥。

我們家是單親家庭，和媽媽感情很好，我曾試探她，女孩子自己準備好避孕是否是明智的自保之道，她居然嗤之以鼻，說那種女孩就是準備隨時與男生上床的。我跟她辯了半天，她就警告我絕不能這麼做，我到底該怎麼辦？

聽林老師這麼說：

發生性關係是由兩人造成的，但要不要有性關係則可以由個人決定，並不是有了一對一的男友就得發生性關係，還得看兩人的感情程度、信任感及心理是否準備好。妳目前無男友，但能想到以避孕來應對以後可能會發生的性事，能保護自己固然是好事，但妳把責任全扛起來，可能會誤導男友，以後男友就可以卸下避孕的責任，反正妳會處理此事。有些沒有安全感的男生，甚至會以為妳懂避孕是因為妳曾有過性經驗。

妳想徵詢母親的意見，沒想到她持反對看法且有錯誤的認知，懂得使用避孕方法並非如她所想，會成為吸引男性的磁鐵，就如同在校園設置保險套販賣機就是在鼓勵更多學子有性行為一樣，是一種性迷思。妳很愛媽媽，不敢違抗她，但妳並不贊同她的說詞，感到為難。妳已成人，知道要對自己的身體及行為負責，不會給母親及自己帶來麻煩，這就對得起她了。

因此避孕是好主意，但不必急於現在，等以後妳交到合意的男友，兩人感情溫度上升，有一些初步的親密舉動，而雙方心理上已親密到能談論性事時，可以開始交換性愛感情婚姻觀，若相似則佳，否則就得教育他。當然也得談到避孕的議題，通常以保險套較安全，既可避孕又可預防性傳染病，安全性行為是雙方共同的責任。

29 男友為她感傷流淚

愛情這個難題？

與男友交往近兩年，遠距戀愛，每月見面一次，但每天通話分享生活狀況。半年前開始覺得他怪怪的，後來才發現他因做實驗而與同組A女互相喜歡。A女是大陸交換學生，男友知道這樣不好，仔細想過，還是想和我在一起，並承諾會對A女說清楚，雙方維持朋友關係。

他說平時相處都是做論文的實驗而已，上個月A女交換時間結束回去了，但我發現他們仍有信件往來（我偷看的），談到分開後的不習慣與牽掛等，他還寫說因感傷而流淚，且他竟然將自己的幸運符送給A女，然後自己又去求了一個，說這樣可保兩人平平安安，我難過又傷心且生氣，我該怎麼辦？

聽林老師這麼說：

遠距戀情固然是因為心有所屬，但時間分享及形體相伴缺乏，當一方想要有時時陪伴或意志不堅時，就容易產生劈腿行為。男友本來心無旁鶩，在實驗室做實驗寫論文，並未預期A女出現，然而實驗室的革命夥伴朝夕相處，又有共同話題，加上不同文化與背景，互相吸引，很有可能在小空間內發展出比同窗之誼及友情更多的感情，以分開後的書信字眼及各持一個幸運符的動作看來，的確有點曖昧。

男友未說實話，可能是不想讓妳猜疑及傷心。他認為既已決定與妳在一起，不該說的就不必說了。雖是與A女相思情深，畢竟兩岸更為遠距，對他倆而言，再相見不易，他也清楚兩岸的遠距戀情比台灣本地的遠距戀情更難以繼續。剛開始分離，總是會依依不捨，信件往來頻繁，但慢慢地，各人有各人的在地生活，分享的事物會越來越少，遠距相思可能會化為網友之誼。

受過傷的心總是會沒有安全感，妳很難像以往一樣全心對待男友，但由於妳深愛他，仍想維持這段關係，不妨接納他的說辭——與A女維持朋友關係，也希

望A女能成為你倆共同的朋友，若有書信往來請分享。既要恢復感情關係就得重建信任，再給他一次機會表現愛意，但不要猜疑，免得自己心慌亂了陣腳，以平常心來觀察男友，時間可以證明他的誠意與真心。

30 與男友同居，怎麼過媽媽那一關？

愛情這個難題？

我是個大四女生，在網路上認識剛入行不久的房地產經紀人A君，他風趣幽默，最近兩個月我們開始約出來見面，我好喜歡他，我想他就是我的真命天子了。只是他最近調到台中分店，我們每隔一個週末才能相見，所以我想畢業後去台中找工作，我們就可以住在一起。

當我把想法告訴媽媽後，媽媽把我臭罵一頓。她不想讓我跟他在一起，她不認為我去台中工作是為了可以多了解A君，她不肯傾聽我的感覺以及我想要的未來，一直碎碎念，說我跟A君不會有好結果。我知道媽媽是為我好，但她真的令我很痛苦，怎麼辦呢？

聽林老師這麼說：

任何母親聽到她大四、完全沒有社會經驗的女兒，畢業後要去投奔認識未久的男友，離家去台中找工作，都會很想用鎖鍊將她關在家中的。妳已成年，當然可以交男友，但才交往兩個月就認定他是妳的真命天子，感情關係尚未建立起來，也未經過考驗，就因不能天天見面而以畢業後找工作為由南下，享同居之實，妳對愛情只有憧憬，沒有腳踏實地在奠基。

媽媽因為心急，話說得比較重，明知是要保護妳，妳卻聽不進去，也產生反感。其實媽媽可以藉邀請A君來家裡吃飯聊天來讓你們彼此有更多了解，多體驗日常生活，也可讓父母趁機多觀察A君以及妳與A君的互動，兩人天地是適合談情說愛沒錯，但在人多的場合更易見真本性。

如果妳畢業後真的要去台中找工作，父母也攔不住妳，但妳最好現在就能有明確的就業計畫與人生目標，例如妳要找學以致用自己有興趣的工作，妳要學習經濟自主生活獨立，妳不要急著與A君同居，而是找女室友同住，以工作為首要，愛情為輔。至少要讓父母信得過妳，那妳畢業後離家工作，他們也較能放心，畢竟女兒長大了，總有一天要離開父母的羽翼單飛。

31 為了結婚改宗，會不會太兒戲？

愛情這個難題？

女兒與班上轉學生A君談戀愛，他既高又帥，還能言善道，兩人感情很好。A君全家都是虔誠的基督徒，父母規定他只能交教友，他一直騙父母他倆是在教會認識的。而我女兒很天真，總以為婚後跟他們全家去教堂就可以了。

如今女兒考上研究所，A君要去服役，他要求女兒上教會聽道，然後受洗，女兒說不介意陪A君去，但沒有辦法每周自己去。為此事兩人爭吵，A君企圖說服她，並以結婚為餌，女兒勉強答應。我實在看不下去，男方為了讓她改宗，提出結婚，而女兒為了結婚，寧可改宗，請問這是否太兒戲了？

聽林老師這麼說：

女兒及A君都是學生，還沒出社會，年輕且不成熟的特質有好處也有壞處，

有彈性能改變是好處，但沒定性易改變且眼光淺短是壞處。妳的女兒光明正大交同窗男友，而教徒男友既要談戀愛又不想觸怒父母，宣稱女友是教徒，這對女友不利，對他父母亦不公平，也許他有自己的計畫，先緩衝兩年，慢慢說服女友，當她改宗為教友時，則大家都是贏家。

妳的擔心與顧慮是對的，看不下去他倆的戀愛觀及手段，又不敢干涉，不想讓女兒覺得妳在控制他們，事實上A君就是在控制女友，先獲得她的心，再把她變成教徒，就可被家庭接納，順利成婚。只是人的思想是不能被控制的，女兒生長在無宗教意識的家庭，她得自己有興趣，有慧根，或有緣份接觸到基督教，慢慢地認識它、接納它、愛上它，才能走進基督的世界，並樂在其中。

小女生對愛情及婚姻有美好的憧憬，接納男友的一切，是因為她想走入他的世界，而不是基督的世界。不妨好好跟她談，認識基督是件好事，但得自己真正想要，當然可以試試看，而不是為了男友才信基督教。談戀愛可以繼續，若再有此議題的爭執，雙方應以成人的態度來處理，不要急著談結婚，因為這並非宗教問題，而是這份感情還有待考驗。因此妳要鼓勵女兒好好享受研究所的生活，多與人互動，提升自我主張能力，增加自信心與成熟度。

32 他喜歡知己比情人多

愛情這個難題？

我與男友交往三年多，感情很好，他已離婚，我們有肌膚之親，可是他有一位認識六年的同事，是紅粉知己，他們很聊得來，幾乎是無話不談，而她又剛好是男友喜歡的類型，雖然她已婚，家庭美滿，可說純粹是單戀，但他們也互有好感。

為此我們曾經爭吵過幾次，男友說他們是知己、是友情、是喜歡，跟我是愛情、是情人，不一樣，但是他太愛知己了，幾乎與她天天相見，晚上聊天互相關心，與同事出遊吃飯也是一起的，而我也只能盡量找時間與他相處。現在還為此事爭吵，我該繼續爭取還是就此放棄呢？雖然我們都還愛著彼此，但我說我不能接受他有知己，他也只能跟我說抱歉了，因為他喜歡知己比情人多。

聽林老師這麼說：

交往三年多又有親密關係，應是感情穩定有成婚計畫，但聽妳的描述，男友與紅顏知己相處的時間與心理相密度，似乎已超過你倆的互動。她在男友每日生活中佔極大的分量，且她已婚有家庭，的確是很特殊的純友誼關係，如果她丈夫知道她有如此一個知心好友，必定不能容忍，可能還會打翻醋罈子，演出全武行呢！

當然他倆的關係可能是清白的，因為他們各自都在可被接受的範圍內互動，自覺問心無愧，尤其男友又對妳坦然無隱瞞，就是要強迫妳接受，妳當然是又氣又傷心，總覺得他愛妳不夠深。今天若角色互換，妳有個如此親密的知心純友誼異性同事，男友可能早就生氣離開妳了。因此將心比心，男友應更多關心妳及尊重妳的感受，以愛情關係為重，小心處理他的純友誼。

而妳愛他也要尊重他所愛，與男友懇談，辦公室的同事之誼妳當然無法參與，但上班之餘的友情妳希望能分享，也就是說想要有三人做朋友的機會，彼此多相處多認識，也希望她能祝福妳倆的關係。如果男友斷然拒絕或將友情轉入地下，則妳跟一個感情觀念不正確、心態異常的男人繼續交往下去，只有令自己更痛苦，不如放他去全心享受純友誼吧！

33 壞脾氣讓關係難以延續

愛情這個難題？

我與Ａ女自大二下學期交往兩年多，畢業典禮那天我提出分手，告訴她我無法再忍受她莫名的發脾氣與任性，我對她的愛已成忍讓及道義責任。她無法接受，強調因把我當家人才原形畢露。我告訴她，這個真實的她並不是我想要的，分手是我不對，請她不要難過，好好找工作過生活，我們還是朋友。

Ａ女說她可以改，求我給她機會，但我希望好聚好散，一切都回不去了，我已經說得很明白，但她還是常打電話來，我勉強應對。請問如何才能令她死心？

聽林老師這麼說：

大學階段本是兩性人際關係的練習，男女朋友之間的互動需要彼此適應，而有了親密關係後，經常會因零距離而產生摩擦，你逐漸無法接受A女將她的家庭人際互動模式應用在你身上，但還是盡量安撫她、順應她，這當然是出於愛心與耐心。當耐心快用完時，愛心也跟著減少，感覺就不同了。你明白你不再愛她，因此提出分手。

談戀愛是漸進的，分手也應是漸進的，彼此才能有心理準備。通常情侶間因不合/不和而吵架，越吵越糟，吵到後來感情都沒了，彼此知道遲早要分手，卻又盡量賴在關係中。聽起來A女並沒有這種感覺，所以她才無法承接突如其來的分手，總以為像過去一般，你到最後還是會屈服的。好在你們是和平分手，也無第三者，A女需要時間來接受現實，慢慢克服被分手的傷痛。

你得很誠懇地寫信或回應她的電話，告訴她感情是不能勉強的，而你自己也不好過。回想過去，你並沒有做自己，兩人雖親密，互動品質並不好，因此希望以後兩人都能記取過去的經驗，修身養性，各自成長。你還可以建議她去找婚姻諮商師處理失戀的傷痛，並真心祝福她。

34 瞞著男友，對小同事萌愛意

愛情這個難題？

我高中畢業後就在便利商店打工，認識了顧客A君，交往三年，感情很好，他家裡開飲料店很忙碌，而我也調到南區的便利商店，見面時間越來越少，平均兩週約會一次，但會每天熱線聯絡。

B君是同事，小我兩歲，對於新調來的我非常照顧，他人很開朗幽默，找他幫忙不會推辭。最近我們排在一起上班的時間很多，我對B君越來越有感覺。我當然愛我男友，也希望B君去當兵時我的這種感覺會消失，只是這幾天我的腦海裡、生活裡盡是B君，好想對他說說我的感覺，怎麼辦？

聽林老師這麼說：

便利商店是妳的工作場所，也是妳的交友中心，的確很便利，但便利不見得就是正確，而是妳要搞清楚妳到底喜歡什麼樣的男生，想要有何種愛情關係，以及此關係的發展動向。妳與A君互相喜歡，交往已三年了，平常相處的感覺是否美好，且兩人是否有談到未來展望，都是妳得回顧及評量的重點。由於兩人都忙，較少見面，這份感情是否能滿足妳目前的心理需求，且彼此是否仍有激情，心繫對方？

B君人不錯，是很好的同事，共事的感覺是妳打工以來最好的經驗，也因彼此熟悉而感到自在。然而在來信中未看到B君對妳有情愫，只是妳自己喜歡他的感覺越積越多，感覺快滿出來了。B君因妳有男友，又大他兩歲，可能視妳為姊姊、同事，又因當兵在即，他必有自己的規劃，妳覺得妳若向他表白，會有什麼樣的後果？若他立刻就接納妳為女友，妳要如何處理與A君的關係？如果他表明不想破壞妳與A君，妳將如何自處？

因此請慎思而後行。既已建立良好的同事之誼，可為朋友之根基，B君去服役時可通訊往來，若他對妳有意思，妳自然可以感覺到，至少彼此還是朋友。目前妳還是應專注自己與A君的關係，避免陷於慣性互動，而是要重新瞭解對方，加強互動，審視關係品質，評估這份感情是否值得繼續。

35 父母逼婚，怎麼辦？

愛情這個難題？

男友與我均為28歲，交往兩年後同居，南部的父親非常不高興，每次回去探望父母，他就催我們結婚。我們真心相愛，認真工作，既想存錢，也想多玩玩，現在還不想結婚。

最近幾次父親因催婚不成，開始變臉，罵我們同居不婚丟臉，若年底以前不舉行婚禮，就要我倆分手。我好話說盡，雙方還未準備好不要逼我們結婚，但他堅持己見，好像我罪大惡極。現在男友不肯跟我回南部，我也不想自己回去，雖然我愛父母，卻很想逃離老爸，怎麼辦？

聽林老師這麼說：

父親逼婚是給你壓力，但你似乎也給自己壓力，被責罵的挫折感及抗拒心理，讓你很想逃避，不回家卻又會加深妳的罪惡感，因此以不回家探望父母來逃避問題並非良策，父親看到你將他的話當耳邊風且躲得遠遠的，有了男友忘記父母的刺激只會令他更惱火，父女關係就會真的變壞，父親有可能因此遷怒妳的男友，那以後妳想結婚恐怕得不到父母的祝福了。

爸爸生性保守，深信戀愛的結果是婚姻，他無法忍受女兒與男人同居，只有通過婚姻，他才能光明正大地接納及疼愛女婿，並面對街坊鄰居。你得先同理他的心情，瞭解他的顧慮，好好與他溝通，感謝他對妳的愛，表明你們遲早會結婚的決心，請他寬心。

同居的議題對父女而言真的很敏感，但還是得提出來討論溝通。告訴爸爸你們並不只是因相愛而同居，重點是互相照顧與支持，並學著磨合，也經常討論如何與彼此的家人相處，其實也是在為結婚做準備。這是兩個人的事，不需要讓老家的鄰居們知道，而且男友也不是每一次都一起回來，請他不要太擔心。

36 幫她或幫他，左右為難

愛情這個難題？

A君是我的好友，高帥有型，很多女生喜歡他，但因曾有過情傷，他不再相信愛情了，現在他每天的目標只有唸書、打球和玩線上遊戲。B女是他研究所的同學，很漂亮，但個性像男生，大家很自然把她當哥兒們看待，因此B女有意無意表達喜歡之意時，A君都當成玩笑而不在意。

上個月B女終於認真且明白地告白，A君呆住了，含糊回答現在不想談戀愛，後來就開始閃躲B女，B女很受傷卻不肯放棄，誓言一定要讓他喜歡上她，並用以往開玩笑的方式繼續鬧A君，A君向我求救，B女也求我幫忙，我真是左右為難啊！

聽林老師這麼說：

你很想幫好友A君的忙，又不知如何著手。你那麼瞭解他，他還未走出情傷，於是將注意力轉移到學業、運動與遊戲中，並非壞事。不妨慢慢勸導他，年輕男女應自不成熟的戀愛關係中學到經驗，學習成長。現在他只是還未準備好再交女友，也還未遇到自己心儀的女孩，一切聽其自然，不需要關閉心扉。

聽起來A君對B女沒有情愫，因為大家都很熟了，就以好哥兒們相待，也因為相處自在，B女才會越來越喜歡他，其實全是B女一廂情願，積壓好久終於爆發，是A君始料未及，他無法承受，只好閃避，卻又覺得對不起好同學B女，所以向你求助。解鈴當然需要繫鈴人，他得親口向B女坦誠，感謝她的青睞，但以自己目前的狀況而言，他更希望B女能成為自己的好同學、好朋友。他並未拒絕她，只是不想談戀愛，面對面的溝通，可以撫慰B女受傷的心。

感情的事，只有在製造機會時可以請人幫忙，至於能否發展，就得看雙方當事人了。你是無法幫忙B女的，你只能告訴她，死纏爛打造成的反效果會比如願的機率大，她一定不希望最後兩人連朋友也做不成了。她目前全神貫注集中火力將心思放在A君身上，以至於沒有注意身邊其他的男孩，只看見樹，沒看見身旁還有一座大森林，其實是自己的損失。你也只能勸告B女珍惜求學時期的友誼，畢竟他在A君生活中也佔有一席之地。

37

價值觀差異成為感情障礙

愛情這個難題？

我是社會新鮮人，與32歲的A君交往四個月。他條件不錯，對我也很好。他常送我禮物，我跟他說我不需要這些身外之物，也沒特別喜歡什麼，他還是買東西送我。我知道這是他的心意，也勉強接受。而他經常告訴我同事A女他送了我什麼，A女喜歡八卦並到處傳播，我很不舒服，乃要他將送我的手鐲拿去退錢，男友當然不悅，認為我與A女溝通不良，也氣我踐踏他花時間挑禮物的心意。另外，我喜歡穿輕鬆方便的衣服，A君覺得我穿著隨便，老想幫我買衣服，我拒絕，他就說我跟他出去不用心。最近我開始懷疑我們是否應該在一起？

聽林老師這麼說：

來函雖短，卻可以看出妳與A君個性不同，想法亦有差異。他應該是因為妳的長相合他意，優點他欣賞，才追求妳，妳可能也仰慕他的才華及成熟，雙方交往愉快，但畢竟才交往四個月，還在認識、了解及磨合的階段，互動中出現歧見與衝突，乃是自然之事。妳較崇尚自然隨性，不追求物質享受，而A君見識較廣，也看場合穿衣服，有他自己表達感情的方式，買禮物送心上人，彼此實應站在對方立場為對方設想，衝突才能化解。

A君覺得委屈，必須向人訴說，卻找錯人，A女以他自己的觀點來解釋妳與A君之間的禮物收送，妳因A女話語不爽而要A君將禮物拿去退，是有點過分，的確抹煞了他表現情意的苦心。妳沒有物慾，也不想讓A君花錢，你得好好與他溝通，表達想法，並提出建設性做法，例如A君可送自製卡片，兩人去公園散步，或在彼此生日時才送禮物等，如此他才會覺得被尊重，愛意被看到，這是妳與他之間的事，與A女無關。

穿著是習慣及個人品味的問題，你們可以慢慢溝通。很顯然，他很重視穿著，自己衣著得宜，也希望妳出門稍加打扮。妳已進入社會，在家可以穿得舒適，外出不妨試著裝扮。當然不是要買昂貴的衣飾，而是稍微正式，如洋裝或套

裝等，而不是T-shirt、牛仔褲。請不要拒絕男友，開放心懷聽他的意見，和他多討論，學習社交禮儀，對妳亦無損失。

38 婚禮在即，家中經濟出狀況

愛情這個難題？

我們相愛，決定攜手共度人生，一年前就訂了結婚日期與喜宴場所，沒想到這一年來，各自原生家庭發生許多事。他的媽媽因發現丈夫有外遇而堅持離婚，目前處於分居狀態，上個月他爸診斷得了癌症，他與姊姊輪流陪爸爸上醫院，而我爸半年前被資遣，家中經濟雖未陷入困境，但得小心量入為出。

本來指望雙方父母能對我們的婚事有財務資助，現在全不可能了，只好動用自己的積蓄，母親老淚縱橫，說女兒出嫁無嫁妝，我真擔心到時候婚禮一片愁雲慘霧。我只想高興地結婚，有家人環繞與祝福，可是家人有難我如何能高興呢？

聽林老師這麼說：

男友父母婚姻觸礁，的確是憾事，子女也幫不上忙，而姊弟能抽空輪流陪伴癌症父親也是一片孝心。妳父親被資遣，再找工作雖不容易，也不是沒希望。人生不可能永遠平順，總會有些不如意事情發生，既然碰到了，就得坦然接受，面對與調適，其實這也是人生的挑戰及對你倆愛情的考驗。

父母財力不濟無法金援婚禮，妳當然會失望，但婚禮可大可小，不必太鋪張，何況賓客還會包紅包，可以抵酒席錢，應是花費不大，倒是成立一個家需要添購許多東西，也不必急在一時，小夫妻都有工作及收入，一點一點地購買布置，慢慢打造夢想中的家。妳則不妨安慰母親，沒有嫁妝不重要，父母的參與與祝福才是妳最想要的，因此妳可以列出一些待辦事情清單，請他們在婚禮前及當天盡一己之力幫忙，就是給女兒最好的嫁妝。

既然妳與未婚夫有共同的人生目標，且婚期已定，婚禮還是得照常舉行，日子還是要過下去，並沒有妳想像的那麼悲慘。雙方父母必會排除萬難來參加妳們的婚禮，請不要太悲觀。不妨先放寬心情辦完婚事，兩人成了親，心裡踏實也站穩腳跟，再來回饋原生家庭吧，祝福妳！

39 遭背叛，該不該找徵信社來查？

愛情這個難題？

與未婚夫訂婚已一年，打算兩年後存夠錢再結婚，未婚夫在桃園上班，租了小公寓，有時週末或放假他沒回基隆，我就會過去小住。最近幾次去，我發現有些奇怪的東西在家裡，而我疊好掛好的衣服似乎被移動過，床單有一種香味，打掃時也發現幾根長髮（我是短髮）。

我問未婚夫最近有沒有朋友來過他家拜訪或夜宿，他說沒有，每天上下班回到家就累垮了。我有被欺瞞與被背叛的感覺，想要找徵信社來查，如果他有別的女人，我當然要解除婚約，如果沒有，我也不想錯怪他啊，畢竟我很愛他！

聽林老師這麼說：

妳覺得還是有不確定性，所以想僱私家偵探來澄清真相。其實妳已經找到許多證據了，妳自己的衣物及兩人所睡的床是再熟悉不過的，妳當然會發現有異樣。未婚夫的回答閃爍其詞，妳的直覺告訴妳他有帶人回家夜宿，但如果妳繼續追問或拿出三根長髮質問，他一定是抵死不承認，並說那是妳的頭髮！

妳得冷靜思考下一步要怎麼做，妳愛他卻不知道他是怎麼想的，是你們的關係出了問題？還是他生性喜歡偷吃，或者他難以抵擋某位女生的誘惑？如果他願意承擔作為，坦承面對妳，妳當然可以給自己及他一個機會。或者他可以解釋家中那些不尋常的現象，證明他的清白，否則以妳現在的心情，的確是進退維谷。

不管他做了什麼或沒做什麼，未婚夫必然知道事態嚴重，若妳主動提出暫時不要見面，雙方冷靜一陣子，他必然會同意的。妳也要給他一點時間去沉澱自己，去思考你倆的訂婚關係。然後兩人可以找婚姻諮商師將話說開來，表明個人心跡，再決定這段感情的動向。妳的情況真的沒有必要花錢找徵信社，還是找婚姻諮商師吧！

40

我是不是想結婚想瘋了？

愛情這個難題？

我今年26歲，與男友相戀兩年，最近我想往更深的關係前進，好想結婚生小孩，男友卻說他不反對生小孩，但近五年內沒有成家的打算，建議先同居，我問他如果不慎懷孕怎麼辦，他說又不是沒有人同居生子。

我很不想未婚生子或先上車後買票，我要有風光的婚禮昭告諸親友「我結婚了」，然後正式懷孕。我現在已經在看婚戒及設計結婚禮服，我逼婚的念頭會太過分了嗎？我想結婚是不是想瘋了？

聽林老師這麼說：

有了心上人，戀愛而後想結婚是正常心理，人都會有親密關係的需求，但並

非每一個人都想結婚。有了親密關係而未結婚，有可能是暫時過程，也有可能是永久目的。妳男友說「至少五年」內不結婚，顯示出至少有好長一段時間，他只要親密關係。以旁觀者的角度來看一對情侶，一方真心想結婚，另一方堅決不結婚，妳覺得這兩個價值觀及人生目標不同的人勉強結婚會幸福嗎？

同居不婚當然是一種生活方式的選擇，只要雙方當事人同意，但同居生子而不結婚則會影響到孩子的教養與權益，妳已明白表示不贊成，因此妳怎麼可能與一個懷抱同居不婚生子也無妨看法的人，共創一個穩定的將來。選購婚戒及設計結婚禮服並不能讓婚禮真正發生，只能滿足妳一廂情願的夢想，而男友若未準備好，卻在妳苦苦哀求下勉強同意結婚，要知道，強扭的瓜不甜，尤其是婚姻。

妳還年輕，不必急著結婚，並不是要妳順男友意，而是繼續交往，多觀察他的做人處事，多交流價值觀與人生哲學。兩年的戀愛著重互相吸引及卿卿我我，從現在起應專注於歧見的溝通與互相影響。經過深入的互動與相處，妳會對自己、對男友有更深的瞭解，如果結婚與否的歧見仍無法化解，妳會因徹底失望而結束戀情，也是因了解而分開，未嘗不是好事。

41 女友懷孕了，怎麼告訴父母？

愛情這個難題？

還有兩個月學校就畢業了，原本打算役畢讀研究所，女友則上班，但現在她懷孕了，我們都希望能把孩子生下來，所以人生規劃得修正了，我找工作她生小孩，只是事情來得突然，我不知心理上該如何迎接小生命。

同樣煩惱的是，我們都不知如何告知父母，真不知他們如何接受此狀況，尤其女友，她父母根本不知道我們有親密關係，她也擔心她父母不肯接納我，唉，急死人了！

聽林老師這麼說：

懷孕是因疏忽避孕而造成的，雙方均無心理準備，相當慌亂，好在你倆真心相愛，也珍視愛情結晶，認知及情感方面都願意迎接小生命的誕生，只是不知如何行動。你們的初步計劃是正確的，畢業你先工作她待產，而目前當務之急則是稟告雙方父母，讓雙方家長認識並決定婚期，討論婚後居住，待產事項及未來嬰兒照顧等，諸事繁多，得心平氣和，正向樂觀，一步一步來。

建議你和女友先去找學校的諮商心理師，他/她們可以幫助你們深入討論及評估你們的初步決定，並共同訂定實施計畫及行動，以及如何與各自的父母溝通。最重要的是你與女友彼此要親愛與鎮靜，當各自或一起面對父母時，先深呼吸然後正色地說，「我有重要的事情要稟告你們……」，然後就這麼開始了。

父母必定震驚與生氣，也許會開罵，請一定要鎮靜，先聽他們數落，然後再說出計畫，他們需要時間來調適，最後也只好接受現實了。都要當爸媽的人，就要以成人心態與父母和睦相處，學習成長。結婚後孩子生了，心情穩定生活安定時，找人幫忙帶小孩，你還是可以念在職專班的研究所，太太也可以出去工作，以達成你們原來的人生規劃。

42 男友家庭負擔多，我們該結婚嗎？

愛情這個難題？

年初我認識有才華的Ａ君，自己開工作室接案子，因談得來而相戀，過了四個月快樂的日子。可是好景不常，他父親因脾臟癌，從發病短短兩個月就過世了，他為了要照顧年邁的母親及體弱的姊姊，把工作室搬回台中老家了。

雖然只有兩小時高速公路車程，週末可以見面，但我總覺得不踏實，他全心都在家人身上，我去看他住他家，還不是都在陪他的家人，只有晚上睡在一起才是單獨相處的時間。雖然他一再安慰我，事情總會變好的。我當然很想跟他在一起，但一想到萬一有一天我們結婚了，我得服侍他的家人，我們怎麼可能會有自己的生活？

聽林老師這麼說：

現在是A君的非常時期，家中結構改變，每一成員都得適應沒有父親的生活，而他突然變成一家之主，又要安頓自己的新工作場所，自然無法像以前談戀愛時專注力都在妳身上，妳應該給他一點時間，先把家庭的人及事處理好，才能沒有後顧之憂地發展自己的親密關係。妳可以以體諒的心情及親切的口吻請他訂下一個期限，例如四個月或六個月。這段時間內妳可以選擇去台中看他，陪伴他及與他的家人互動，一方面妳人在台北時，亦可思考這份關係值不值得繼續，世界上沒有永遠不變的關係，現在就是關係面臨考驗之時。這種考驗在你們的關係中遲早都會來臨，剛好是在你們交往近半年時發生。

等期限到了，妳可主動提出討論你倆關係的展望，也可以談談個人未來的目標，例如婚姻或工作。倘若你倆結婚，是否妳到台中找工作，然後住在他家裡照顧他的家人，或者他可以請人照顧母姊，自己搬回台北與妳同住，或者台中房子賣掉，舉家遷台北，買房子住在一起，這些都是技術上的調整，重要的是妳要不要這樣的生活？當妳愛一個人愛到無怨尤時，也許妳會選擇與他同甘共苦，或者妳不願意他視家人為首要，妳是排第二的。這些都需要時間及深入交往後才能做出真正想做的決定。

43 他不讓我在人前稱他「男友」

愛情這個難題？

大學時期幾次「幾乎戀情」均無疾而終，在美國讀碩士時認識了同為台灣去的A君，出去看過幾次電影，因功課忙，只是普通朋友。學成後我在台北教書，他在高雄上班，每天在Skype上分享生活，居然產生情愫，展開了遠距戀情，每半個月的周末他北上或我南下。

總是聚少離多，而且他不讓我在人前稱他「男友」，總是說「好朋友」，明明我倆都單身，且有親密關係。某晚同學會我喝醉，由大學時的曖昧男友送我回家，我在車內吻了他。事後我後悔，向A君坦承並致歉，沒想到他從此不理我，Skype及電話均不回應，兩年戀情就這樣消逝，說分就分嗎？

聽林老師這麼說：

聽起來妳是很認真讀書及工作的女孩，社交圈很小，人際技巧不是很純熟，因與A君有在美同學之淵源，彼此有熟悉感，再加上以Skype分享生活大小事，妳很自然視他為男友，但此人城府深，他不亂交網友，妳是老同學他放心，所以在網路上你來我往，他順勢與妳發展親密關係，對他來說可能只是喜歡，而不是愛。由此可見你倆對這份男女之情有不同的定義及期待。

明明有肉體親密關係，而不能稱男友，只是「好朋友」，這是自欺欺人，也顯示出他想隱藏這份關係，騎驢找馬，既然不是男友，他憑什麼玩人間蒸發的遊戲，他根本不值得妳向他坦承及道歉。他的不理不睬不是在懲罰妳，對妳來說，是一個放妳自由的好機會。

兩年來妳都專注在A君身上，但這份關係卻是一面倒，除非他主動先找妳說話，或出現在妳家門口。你們的關係到此為止，就算他再跟妳有聯繫，你們也很難再像以前一樣的互動了。妳已自此關係中學到教訓，也在逐漸成長，不管此關係已建立多久，未來有沒有展望才是妳該關注的。

44 師生可不可以變情侶？

愛情這個難題？

我是大二女生，有一門課我很喜歡上從未缺席，上課時經常與A君笑顏以對眼神交會，問題是，A君是我的教授！這學期我在他門上填寫時間，與他聊功課及生涯規劃，兩人談話很自在，我覺得像是在調情，其實我也不知道調情是什麼感覺，但真的好開心。

今天我去繳期末報告，他指出一些可改進之處，但稱讚我許多，說以後還是可以來找他談話，不知我是否想太多，總覺得他對我有興趣，我真是對他越來越著迷。我知道他是單身，但我不能確定他對我是否有感覺，我好想向他表白，如何做才恰當？我可不想破壞目前美好的師生關係啊！

聽林老師這麼說：

妳連調情是什麼都不知道，怎麼能說兩次與教授面談像在調情？自妳與教授互動的描述看來，他是一位關心學生的好教授，而妳因情愫萌芽，對老師有好感而喜歡上他的課，老師並不知情，只感覺到妳是用功好學的好學生，因此妳們互動良好順暢，他欣賞妳的認真好學，妳也感覺被重視，這是一種投契的師生關係。

妳情竇初開，可能A教授的長相談吐都很吸引妳，妳對愛情的憧憬乃落在他身上，事實上他對妳並無浪漫情意，因此向他告白並不是一個好主意，是有潛在危險的做法，只因妳情愫激得滿滿地，就要倒在他身上。師生間是有倫理的，教授與在學學生談戀愛是不被看好也不被祝福的，因為雙方處於不平等的地位，學生涉世未深，老師既有社會經驗又掌握權力。

簡單說，就是妳迷戀上（不是喜歡或愛）一個妳不應該喜歡的人，一廂情願。很多事不是妳想像的那麼單純，告白之後妳會失望的，教授為了自清自保，他必會避開妳遠離妳，妳心中絕不會好過的，妳在大學的日子就會感到不快樂。妳這個年紀應該和系上同學交往或參加社團，多與年輕人互動，妳的白馬王子就在人群中。

45 女友與他有曖昧

愛情這個難題？

我們是同校同學，交往三年時，女友突然說身體不適，停止跟我做愛，約有半年之久。有一天助教提醒我，同學們在傳說女友與C男狀甚親密，但因我跟女友課後都膩在一起，覺得不可能也不在意。

後來同學們也直接告訴我他們走得很近，我心裡不舒服，乃偷偷觀察，並質問女友。她哭著說沒有，然而C男的女友前天打電話來說C男劈腿，已和我女友發生超友誼關係了，因她看到兩人曖昧簡訊內容。我真的很氣憤，打電話給C男，他卻說與我女友沒怎樣，我真不知該相信誰，心中疙瘩如何才能解開呢？

聽林老師這麼說：

既是同校同學天天膩在一起，且有了親密關係，照理說兩人應是心靈相通無所不談，女友若身體不適會向你訴苦，你可陪她就醫，或者至少會知道她的療癒進展。然而女友與你停機半年之久，你渾然不覺得奇怪，也未曾深入去談兩人由親密到停機的心情及身體狀況。聽起來你是個神經大條心思單純的男生。

就因為你信任女友，起先你並不相信傳言，寧可直接質問女友，她不承認，你也寧可選擇相信她，只是你難道沒有感覺到兩人之間那種心靈契合心理親密的感覺已經沒有了嗎？儘管你們還是天天見面互相陪伴。無風不起浪，女友若真關心你的感受，應是先安撫你而不是以哭來自我防衛。既然C男的女友都打電話來了，事情應該不是如你女友否認的那麼簡單，不論C男是否承認，你得自己與女友懇談，請她說明她與C男的互動關係與程度。

請對女友動之以情，言明不論她是否還愛你，至少你倆相愛過，你真的不想被騙，請她把心裡的話說出來，包括對你倆關係的不滿及期待，問問她是否願意給自己及你一個機會繼續待在這份關係裡。你們可能要溝通好幾次，讓她了解到事情的嚴重性，雙方才能真心相待，決定未來的關係是繼續或結束。

46 男友是個多情種

愛情這個難題?

與A君是大學死黨，畢業後各自有工作，但晚上及周末經常混在一起，共度快樂時光。去年他與花蝴蝶B女熱戀，好友們均明示暗示此女沒水準不可靠，他卻身心投入，完全忘了有我的存在，打手機不回，line他也不理。

果然才四個月，他們分手了，A君向我道歉說他太忽略我了，於是我們恢復以往開心的生活。不料當我們在夜店時，他又迷上C女，又陷入熱戀，只有當C女忙碌沒空時，他才會來找我。我可不想再等到他們分手，請問我覺得被侮辱的感覺是正常，還是我太機車?我可以當面質問他這件事嗎?

聽林老師這麼說：

許多你們這個年紀的年輕人正在打拼事業，卻又想要有親密關係，在時間上很緊很難分配，當年在學校的感覺或經常見面的好友就不像以前那樣常聚首了，以後若結婚生子，則各忙各的，更難「混在一起」了。你與A君是多年好友，友誼值得珍惜，你也希望美好時光繼續，但人的生活是一直往前進，時有改變，如今他是進入親密關係，沒有時間陪你，以後你也會面臨同樣情形的。

你覺得女朋友不適合A君遲早會分手，是一回事，而他「見色忘友」忽略你則是另一回事，無論他與誰交往，只要他快樂，身為好友就應該祝福他，而非企盼他與女友分手。目前你與A君的互動是處於轉換期，也就是學生時代或社會新鮮人單身時代，成天在一起的時光結束了，此後各自生活的部分會越來越多，而你們相處的時間空間會逐漸減少，這是你得認清的事實。換言之，友誼互動的形式正在改變中，但友誼的本質並未改變，你尊重A君的新生活型態，他以後也會尊重你談戀愛或忙碌於工作的生活型態，如此你們的友誼才能維持長久。以後各自成家生子，生活穩定之後，必有更多的互動與分享。

47 男友習慣性劈腿，讓我心如刀割

愛情這個難題？

大二時認識同班A君，相戀一年半，他常回高雄探望父母及高中時代認識的一些女生。基於愛與信任，我不反對他與朋友敘舊或出遊，但一定要誠實報備。三個月前抓到他劈腿，他苦苦哀求我再給他一次機會，我選擇再相信他一次。

我們常在圖書館或我的住處一起做功課，最近他常找藉口只陪我一個小時就說有事要離去，手機也鎖上密碼，聊天記錄刪除卻說是手機壞掉訊息自動消失。上星期經好友告知A君常與外系B女在一起，我哭了一晚，但不敢拆穿，只說分手吧，A君卻不肯，還是一如往常對我好，但我心如刀割，怎麼辦呢？

聽林老師這麼說：

大學時代是訓練人際關係的階段，包括兩性關係在內。聽起來妳是死心蹋地愛上A君，你是個可愛的女孩，因近水樓台，A君很快地追到妳，妳固然是他最親密的女友，但他心未定，有機會還是會跟新舊異性朋友玩樂，女朋友及女性朋友的界線太模糊，才會一再劈腿。

聽起來A君不夠誠懇，並未誠實報備，而是陽奉陰違，妳已經給他一次機會，照理說他應該痛定思痛，珍惜你們的感情。但顯然他喜愛新鮮刺激，無法安於班對的慣性生活，因此又背著妳與B女交往，而且還開始敷衍妳，閃避及欺瞞妳。此君年輕愛玩、偷吃又不會擦嘴，妳已覺得不對勁，別人也看到他帶新女友，這樣不成熟的男孩，只能是玩伴，不能跟他認真。

跟妳交往A君覺得不錯，而且快畢業了，先拖到畢業再說吧，他以為可以享齊人之福，當然是紙包不住火的。請妳不要再傷心難過，既已看清A君個性，了解他的不定性，這是一個結束關係的大好機會。妳不可以再被動了，主動向他面質二次劈腿行為，嚴肅認真地提分手，不被他的死纏爛打行為所動。長痛不如短痛，再拖下去，妳無時無刻不在擔心和傷心，難道這就是妳要的「愛情」嗎？

48 家人不能接受我是同志

愛情這個難題？

我是女同志，大學時與A女談戀愛，周末她常來我家住，我們經常吵吵鬧鬧，使得家人不得安寧。後來發現她會順手牽羊，我的金項鍊不翼而飛，哥哥皮夾的錢不見了，忍無可忍就分手了。自此四年未交女友，但最近與B女走得近，感情發展很快，有時她也來家裡夜宿。

父母對她愛理不理，我哥根本把她當透明人，我替她難過，自己更受傷。向父母抗議，說B女是我的所愛，他們就翻舊帳，說以前受那個A女的罪還不夠，還要帶B女回家折磨家人？我就知道他們並未真正接納我是同志，唉，我是否該放棄我的家人？

聽林老師這麼說：

妳家人冷淡的態度並非針對B女，他們根本不認識她，沒有理由喜歡或不喜歡她。家人是針對妳而來的，今天不論妳帶誰回家，她們都不會笑臉相迎，因為他們被上次A女的劣行嚇住了，不再相信妳選擇伴侶的眼光及判斷力，怎麼會有人在伴侶家行竊？家人也連帶對妳不信任了。

因此請妳明白，家人不是阻撓同志戀情，而是他們怕妳被不良女伴帶壞，又危害家人。解鈴還須繫鈴人，妳必須向家人承認自己曾遇人不淑，真心道歉，並坦言自己也受傷害，以後不會再那麼笨了。四年未談戀愛，就是要睜大眼睛小心交友，希望父母相信自己的女兒長大了。

以誠懇的態度說完該說的話，然後再告訴家人，他們冷淡對待B女就等於不接納女兒的戀情，使兩人都很受傷，並懇求他們，要大家忘卻過去的不愉快，一切從頭開始。妳總要給自己及家人一個機會，妳的努力就是成長，家人會看見的，B女若真心愛妳，她也會支持妳，所以千萬不要輕言放棄家人，其實妳內心是很愛他們的。

49 女友不想公開戀情

愛情這個難題？

女友漂亮外向，三位追求者中居然選擇我。大三下學期約會了半年，也有了親密關係，她的唯一條件是不對外公開我們的戀情，我覺得這樣也好，省掉許多麻煩。但她仍像以前一樣，與其他男生互動親密，毫不掩飾。某次我倆與B君去看電影，她任由B君牽手摟腰，我一人走後面，心中不快。

這類事件發生好幾次，女友堅持這是她與男性及女性朋友表現友好的方式，經過多次爭吵與溝通，我選擇分手，但很受傷，我這麼愛她卻無法修成正果，我什麼地方做錯了？

聽林老師這麼說：

當初你倆互相吸引陷入愛河，你對女友的感覺隨時日及親密程度日益加深，什麼事都順著她，而她自一開始就對你不公平，美麗自然的戀情本該受到世人祝福的，她卻選擇不公開戀情，而且要你遵守此約定。你明知不妥，感覺怪怪的，卻因愛她而找了個「省掉許多麻煩」的合理化藉口說服自己。然而不公開戀情的另一面就是她不想讓別人知道她有男友，在大眾面前，她還是可以被追求的。

這樣做就是沒有尊重你的感覺，而關係本身也不平等，只要有兩三次爭吵，你們的關係就開始破裂，她還是我行我素，就表示她無法滿足於你們現存的關係，她還想享受別的男孩對她的愛慕及追求。你當然沒做錯什麼，也不是你不夠好，而是女友的個性不成熟，沒定性，她還不懂得何謂真愛。她之所以選擇你，除了你長得帥外，對她無限好且很聽話，她理所當然地以為可以操縱你，卻沒想到如此做是多麼地傷人！

感情不是一加一等於二，你付出那麼多，得到的居然是傷害，那是因為你沒有碰到對的人，所謂「遇人不淑」。不經一事，不長一智，以後交異性朋友，不能以貌取人，還是以朋友之誼多交往多了解，合意之人才能投放感情，雙方互相尊重平等交往，才能收「付出即得到」之效，享受愛情的豐富與甜蜜。

50

我很喜歡他，但不想做小三

愛情這個難題？

我暗戀A君已好幾個月，經常找機會與他聊天，他曾明白告訴我他有一個交往一年的女友，所以我們只是朋友而已。但最近他酒後吐真言，居然說他之所以疏遠我是因為他心裡有衝動想常和我在一起，我的存在使得他幾乎忘記他是有女友的人，因此他害怕單獨與我相處。

他並不知道我好迷戀他，他說他想常跟我見面相處，但一定要低調，不能讓女友知曉，我很高興他也喜歡我，但我不想做小三或地下情人，我是否該告訴他我的想法與感覺，他會不會因此而不理我了？

聽林老師這麼說：

可能因為妳經常主動找A君聊天，引起他對妳的注意，也感覺到妳的吸引力，且兩人相處愉快，他開始對妳有興趣，找機會試探妳，看妳是否也對他有興趣，要不要變成男女朋友。妳的策略果然奏效，但也看出此君在與女友的關係中似乎有所欠缺，卻不知如何去整治他們的關係。其實大家未婚，他若覺得妳比女友更適合他，他大可誠實以對，結束他與女友的關係；或者他貪心，覺得兩個女孩都很不錯，因此打算腳踏兩條船。

妳喜歡他是妳的權利，也不是名草有主的人就不能追，而是此君顯然心術不正，想跟你交往卻不能讓女友知道，還覺得跟妳交往是給妳恩惠，才敢要求妳一起瞞騙，這樣做對他女友極不公平，對妳也是一種侮辱，妳覺得他是真正愛他女友嗎？這樣的人有能力真正愛妳嗎？

妳的感覺是對的，雖然開心地知道A君喜歡妳，卻覺得他的態度與行為怪怪的。妳知道自己想要的是一份完整的愛情，能被眾人祝福的戀情，而不是偷偷摸摸，趁A君與女友沒約會時才見面的地下情。你當然應該誠實地告訴他妳的想法與感覺，若他因此而不理你，這種朋友值得交往嗎？

51 我喜歡的人是遠房表哥

愛情這個難題？

我今年33歲，戀愛過兩次，均因瞭解而分開。一年前在公益活動中認識A君，交往越深越覺得他就是我的真命天子，只是三個月前我們在聊天講家世時，無意中發現他是我姑姑婆家姓李的近親，算起來A君是我的遠房表兄。

我一直不敢跟家人說這件事，尤其在他上個月向我求婚之後。家人很保守，如果他們反對，我們就無法成親；倘若我們私自去公證，沒有家人的參與與祝福，我也會受不了，而我又不想欺騙父母，如何是好？

聽林老師這麼說：

妳的顧慮是與遠房表兄的戀情可能會遭到家人反對，雖然他們知道妳有男

友，卻不知他的身家背景。可見此君與妳家的親戚關係一點也不親，妳姑姑的婆家與妳毫無血緣，只是從輩分來看，A君算是與妳同輩。既無血緣關係，何來擔心？

事情是A君自已說出來的，他當然瞭解你倆的關係應是安全的，不會因為姻親關係而受到阻擾，他才放膽向妳求婚。而妳因為太高興了，開始患得患失，且可能小說看多了，擔心表兄妹戀情大多以悲劇收場，就認為父母會因為這個理由而反對，其實都是杞人憂天，但也可以看出妳雖愛父母，長大後卻很少與他們相處與溝通，並未真正了解他們的看法，只因他們生性保守，就以為他們會反對，這樣的認定是否對他們不公平？

因為妳的多慮，使妳認為這段戀情不會被看好。其實妳也不必擔心家人或別人怎麼看，重要的是妳們情投意合，有意願走上紅毯，當然就要同心往這個目標前進。因此坦然地帶男友回家向父母宣布妳要結婚的好消息，當父母確知你倆互愛互信也對家人好，他們必定很開心，不會在乎這遠到不能再遠的姻親脈絡。

52 如何看待女友與前男友敘舊？

愛情這個難題？

與女友交往一年餘，感覺越來越好，我開始想像我們的未來了。沒想到上星期她突然透露，四個月前曾與前男友A君在咖啡廳見面，聊了三小時。她說A君曾是她生命中很重要的部分，她必須跟他把話說清楚，澄清她的感覺。

我很納悶她為何是在四個月後才向我坦承，而不是當時？雖然她是清白的，但我已不大能相信她了，好幾次我查看她的手機，想知道他們是否還連繫。女友偶爾也會查看我的手機，但我坦蕩蕩隨她去看。我知道這樣會危害我們的關係，不知有什麼好方法可以解決此問題？

聽林老師這麼說：

女友與A君的分手必然是個傷痛，對他或她而言，均有未竟事宜，有時難免會被負面情緒侵襲。就因為你倆的感情越來越好，女友很想處理心裡的這個疙瘩，將前一段戀情療癒化，才能以健康的心態與你策劃未來。由於這是在認識你之前的事，她認為無需將你捲入，所以自己找A君長談，並不覺得有愧於你。

與A君見面難免會勾起過去的回憶，與目前淡如水的交情互相糾纏，心情必然是百感交集，女友需要一段時間來沉澱思考以平靜心情，所以等了四個月才向你透露。而她之所以坦承，也是因為她愛你，盼望兩人之間能坦誠、揭露及透明化所有事情，以求關係能更上一層樓，而你卻感覺被欺瞞，開始不信任她了，沒有從她的立場來替她設想，從關心她的心情切入來與她溝通，以瞭解她更多。

情侶有時會以好奇或好玩的態度玩弄彼此的手機，順便看看聯繫的通訊號碼及簡訊內容，這只能在對方不反對之下偶爾為之，而你現在卻因不信任而查看她的手機，並合理化自己的行為，既不坦誠又不透明。如果你的心胸窄到無法接受女友與A君見面的事實，你就得老實說出來，雙方就此事好好溝通說明白。基本上你還是得選擇信任她，關係才能繼續維持。

53 如何讓男友早日替我戴上婚戒？

愛情這個難題？

與研究所同學求學時戀愛兩年，畢業已兩年，我們都找到不錯的工作，半年前我離開單身宿舍，與他合住一層公寓，我很享受同居生活，常對他說，既然都同居了，何不乾脆結婚算了，因我想生小孩，父母也是這麼認為，但他認為自己還很年輕，過幾年再說。

最近我們去參加同學婚禮，當然就給我們關係帶來緊張，他覺得人家的婚禮與我們的關係不相干，我為何要悶悶不樂，我氣他不懂我的心，回家後吵了一架。請問我能如何讓我的男友早日替我戴上婚戒？

聽林老師這麼說：

兩人因戀愛而同居，因同居而想婚，看起來是正常的漸進過程，但時間長短則不一，且因人而異，你們交往四年，相知相愛頗深，本應過甜蜜日子，如今卻因結婚議題起了人際衝突，造成關係緊張，這對於兩人關係是個潛藏危機，宜及早處理，否則負面情緒越積越多，爭吵次數也漸頻繁，就真的結不成婚了。

想結婚並沒有什麼不對，但是千萬不要催促男友結婚。妳想結婚生子的時間及計畫很重要，但只是對妳而言，男友的時間表對他而言才是最重要的，如果他覺得他是被妳逼迫與催促而提前結婚，這個議題在婚後吵架中將經常會被提到，而且會比現在的狀況更緊張。

妳還是可以訂一個合理的時間表及計畫，例如三年後結婚，婚後一年懷孕，與男友開誠布公地討論。如果他不認為自己能在期限中準備好，有其他的想法與託辭，那就表示他無法給兩人關係承諾，妳就只好待在同居關係中，或自己另做打算。其實兩人一起去做伴侶諮商，可以澄清彼此的疑慮與擔心，避免吵架而可溝通，對關係的維持與進展必有幫助。

54 健康問題浮上檯面

愛情這個難題？

與男友交往一年才帶回家給父母看，他們原本沒什麼意見，只說再交往看看。某次他到我家吃晚飯，聊天時談到某醫院，男友說他以前的主治大夫就是那家醫院的第一把交椅，我們才知道他曾動過肺部手術。

自此之後，父母大為反對我們交往，擔心他以後身體不好不能照顧我，或會拖累我，我卻認為那是六年前的事，他現在才28歲，年輕人早就恢復了，而且看起來也很健康。與父母溝通數次均無效，我好難過，我也不敢跟男友提此事，怕他傷心，兩邊都是我的摯愛，真不知該如何是好？

聽林老師這麼說：

妳從未和男友討論他動手術的事，什麼狀況都不明白，就想說服父母放棄反對票，當然行不通，他們會認為妳是談戀愛昏了頭，更擔心以後的婚姻生活妳會受苦。而妳認為這是敏感議題，不敢讓男友知道妳父母的態度，所以表面上還裝作沒事，只是以後不再帶他回父母家吃飯，妳以為男友不會覺得奇怪？只有妳與男友開誠布公地討論此事，才是處理問題的第一步。

兩人若真心相愛，必可以同甘共苦。男友開刀是既成事實，不妨以關心的口吻向他瞭解來龍去脈和手術的癒後，以及目前的健康情形。正如妳所言，他還很年輕，健康應沒大問題。當妳對他的狀況有了全盤瞭解後，再告知男友父母的心態，請他再補充一些資訊，邀請他一起商討如何說服父母。

除了以有利的事實來消除父母的疑慮外，妳也可以向父母強調，才認識一年，自己連他曾動過手術都不知道，因此必須再深入交往，多多瞭解彼此，尤其要印證自己所欣賞他的優點，並不會急著結婚，讓父母知道妳並未因愛而失去理智，他們就會放心，反對之心會逐漸鬆解的。

55 現成的媽不好當

年輕時感情受創，再也沒交男友，直到今年初認識大我10歲的A男，我喜歡他的成熟，逐漸墜入愛河，但我們之間有問題，而問題不在他離過婚，而是他那兩個青少年兒女，粗魯沒教養，每兩周的周末回他家同住，他們只要見到我，態度就不和善，有時還威脅爸爸，如果我在他家，他們那周就不回家，但可以接受父女單獨在外面吃飯。

男友曾要求我同住，但我還是選擇各住各的，先談戀愛再說。我當然很想跟他在一起，只是我無法應付那兩個孩子的心機，像是我的錢會不見，幫A男照顧的植物突然死了，只要他爸沒看見，就對我扮鬼臉。我委婉向他提過，他都說他們是孩子嘛，不懂事，要我讓著點兒，請問我們的關係有發展的希望嗎？

聽林老師這麼說：

人有親密關係的需求，其實妳一直渴望有感情關係，現在遇上了令妳心動的A男，兩人相處的良好感覺令妳極為享受，但兩人世界以外的現實生活卻又讓妳十分煩心，男友的處理不當（或根本未處理）讓妳對這份戀情產生質疑，動搖信心，但又捨不得放棄，因此一邊享受，一邊忍受。

A男年紀越長越想念成長中的孩子，他的子女與母親同住，多少受母親影響，對爸爸的女友有敵意，做父親的理應想到這點，他們有權不喜歡妳，但不能對妳不尊重、不禮貌。A男既想談戀愛又想享受親子之樂，他應正視此事，重視妳的感覺，瞭解孩子的心理，尤其要很自然地將妳融入他與孩子的生活中。

妳可以好好地與他溝通，表達妳真心希望與孩子建立良好關係，但得靠他來處理。倘若A男說等到孩子長大後一切就會安定下來，那就表示他不夠關心妳不夠愛妳，他只顧到自己的生活。現在若不處理好兩邊的關係，等孩子越大，這種負面互動關係會變得更糟，不妨再給A男一個機會，如果他仍然無所作為，那妳未來在這份關係中絕不會快樂的。

56 臨到婚前又變心

愛情這個難題？

女兒今年30歲，目前在香港工作，與香港男友同居兩年，已論及嫁娶。三個月前我去看她時還陪她去選鑽戒，沒想到一個月前她打電話告訴我，她不想訂婚了，原因是她認識了已婚的A君，說他們是心靈伴侶，還說，倘若A君肯離婚，她一定要嫁他。

其實她男友俊帥高大又很上進，又非常愛她，我內心難受，女兒偏偏又一直打電話問我意見，我勸她勿玩火自焚，我也要求她搬回台灣，另找工作並整理自己，以便以後找到真愛。請問您高見！

聽林老師這麼說：

妳給女兒的忠告很恰當、很實用，但請不要期盼她會聽從妳的勸告，現在的她很難聽進去這些話，因為她為A君著迷，失去現實感，盲目地跟隨感覺走，她之所以要求忠告，當然是因為男友不肯放棄，她也覺得愧對男友，不知如何應付，而且新感情在心裡已裝得很滿，很想述說，畢竟自己的媽媽應該會傾聽、會為女兒著想的。

身為母親，對於女兒的訂婚生變必然感到失望且有失落感，何況她男友是妳中意的女婿人選，A君不知是何方神聖，且又已婚，怎不叫妳擔心！她正在一步一步地走入婚外情的陷阱中，只看到A君的魅力，沒有想到兩人的互動將會令多少身邊的人不安、擔心甚至痛苦，值得慶幸的是，女兒跟妳很親，凡事對妳坦誠，妳可以技巧地與她溝通，陪她走過這段感情崎嶇路。

請不要老將她男友掛在嘴上，縱使他再合你意，那也是女兒與他之間的關係，他倆是原本的關係不夠緊密，還是女兒心中有所欠缺，她的確得整理整理自己的感情，不想結婚可以，但要和男友說清楚，分手的原因是與男女本身關係有關，好聚好散，絕不能為了A君而離開男友。你與女兒通話時要好言分析小三的劣勢，並鼓勵女兒往遠處想，只有從自己心中產生力量，才能做出正確的選擇。

57 同事的閒言碎語

愛情這個難題？

我大學畢業後在醫院擔任行政工作已三年，不論是在辦公室或護理站，女性同仁們總喜歡聊別人的私事，不是病人的，而是自己的朋友或同事們的隱私，諸如婚外情、小三怨、財務困難或貪財等，什麼話題都可以聊，不是根據事實，而是四處聽來的。

下班後我經常與男性友人們在酒館聊天，或在他們的工作室閒混，卻很少聽到類似的閒言閒話，請問這是性別差異嗎？身為女性，我比較喜歡與男性相處，這也算是性別歧視嗎？

聽林老師這麼說：

這是性別差異，因個人而異，但也是性別差異的刻板印象，根據性別理論，女性比較人際取向，愛博感情，通常會使用親密方式與個人資訊來集結群體，有伴又可聊天，「分享」許多知與不可為人知的訊息，群體本身就是一種力量，使得大家在小圈圈中形成「分享」模式。當然也不是每一個女性都喜歡如此，有人獨善其身，有人自掃門前雪，也有人像妳一樣，看不過去，很想切割自清。

男性一般較工具導向，也就是事情導向，他們傾向於以問題解決來做為達到及維持地位的方式，感覺上他們談的多是政治、商務或政策等，男性之間誰也不敢呈現婆婆媽媽的碎語，以免被人看輕，認為是婦人之仁，做不了大事。

當然這些都是傳統的性別角色刻板印象，現代人不分男女，都應具有剛柔並濟的性格與性別角色，適時表達情感，也談論社會國家大事。人都有自尊，希望被他人尊重，但要獲得他人尊重前，自己得先尊重人家，平日不道他人長短或隱私為首要。而妳也不必「歧視」醫院那些女性，倒是可以在言談之中，溫和地表達妳的立場，以身作則，不談論他人私事，剛開始人家可能說妳自命清高，日子久了，大家感覺到妳這人安全可靠，必然尊敬妳喜歡妳！

58 每次提到她，我們的關係就緊張

愛情這個難題？

我30歲，女友小3歲，交往三年，打算兩年後存夠房屋頭期款時買房結婚。我的好友中，有兩女一男是多年死黨，經常聚會或上臉書打屁，其中A女是大學同學兼早期同事，一直有來往，偶爾在辦公室附近一起相約吃中飯。

女友好像與A女八字不合，視她為眼中釘，雖然我早就聲明兩人無情愫，且坦誠報告互動情況，但每次提到她，我們的關係就緊張，少不了一番辯解與爭執，我是真愛女友，但也在乎友誼的持續。請問，異性純友誼能存在於愛情關係中嗎？

聽林老師這麼說：

「男女之間是否能維持長遠的純友誼」是最常在專欄或網路上被問到的問題，美國一位專欄作家將此問題診斷為一種「關係病痛」。就你看來，友誼歸友誼，愛情歸愛情，但在女友眼中，這就是「關係病痛」，非要解決不可。你若處理不當，不但會賠掉純友誼關係，也會傷害到愛情關係。

所謂「八字不合」，只是形容詞，女友為何如此不喜歡A女？是因為她漂亮能幹性感，還是你們來往太密切？還是A女得罪過女友？既然A女與你的純友誼超過十年，牢固可靠，你當然要保護A女，維持這份難能可貴的友誼，而女友又是你所愛，你一定要將A女為何成為你好友的點點滴滴，如同與其他好友的友誼一樣，都告訴女友，讓她了解，不分男女，友誼就是友誼，要是有問題，今天就不會和女友相愛了。

異性純友誼本身沒有錯，也值得尊重，但當你有了親密伴侶後，若還是我行我素的進行純友誼，女友必然不能忍受，你就得兩者擇其一，這當然相當困難與擾人，只有純友誼被包括在愛情關係中，就是讓A女成為你與女友的共同好友，才能存在並維持，因此這是你該努力的目標。多說A女的優點，找機會讓兩女認識相處，偶爾三人行，絕不單獨與A女見面，除非女友覺得自在，可以坦然接受。以行動代替爭辯，女友才能感受到真情真意，如果女友真是出於忌妒又心胸狹窄，冥頑不靈，則你婚後會很痛苦的。

59 愛上妹妹的前男友

愛情這個難題？

經由妹妹認識她的同學Ａ君，相處後，我倆都認為適合交往，但卻遭到妹妹反對。她說Ａ君與我想要進一步交往時便應先告知她，考慮一下她的感受，否則就是不尊重她，且Ａ君大學時曾莽撞向其他女同學告白，她曾和同學私下討論，認為Ａ君的個性及行為並不好，若我們交往，大學同學們會一直談論我與Ａ君交往的事，這樣會讓她很困擾。（她畢業八年未參加過同學會，Ａ君則一直與同學保持聯繫）。

多次與妹妹溝通，讓她瞭解我們是認真看待這段關係，她仍反對。此事也造成父母的困擾，我不想麻煩父母，或在面對其它親戚朋友關心時感到尷尬，但又很想與Ａ君繼續交往，怎麼辦呢？

聽林老師這麼說：

因妹妹的關係結識A君，並非她蓄意拉線，而妳與A君互看對眼，想要繼續交往，那是你倆的緣分，與妹妹無關，何況妳與A君均為成年人，能對自己的行為負責，無需妹妹的反對或贊成。設想，今天若妳不喜歡A君，而妹妹大力促成，妳會聽妹妹的話去做A君的女友嗎？同理而論，妳就應該因妹妹反對而停止與A君交往嗎？

告訴妹妹妳的真愛感覺，妳和A君兩人互相喜歡想要成為情侶，就是尊重她、在乎她，並不是在已經成為戀人之後才讓她知道，至於她的負面感覺是來自對A君的主觀印象，她可以告訴妳她從前認識的A君，但並不表示A君畢業多年沒有成長及變成熟。大學時大家都年輕，缺乏感情經驗及人際技巧，因情感太滿而衝動告白被拒之事時有所聞，並不足以成為行為瑕疵或人格缺陷。

妹妹當然是為姊姊好，但就是因為她八年來從未參加同學會，她對A君的偏見仍停留在大學時代，而A君一直都與同學保持聯絡，以後當妳妹妹與同學聊起A君時，他們必會破除她的陳年印象，她對妳說的問題其實是白擔心，因此妳可

以和顏悅色地告訴父母及妹妹，謝謝他們的關心，其實這幾年同學們都看到A君的成長，也請妳家人一起來認識A君，深入了解，畢竟兩人只是繼續交往，並非馬上要結婚。

60 國中一年級可不可以談戀愛？

愛情這個難題？

女兒現在讀國一，因為過度寵愛她，使得她個性自我，交男友近半年，導師來電看到倆人牽手，搭肩擁抱，幾次與女兒溝通未果，不見女兒體諒，我與妻子明確表明立場，不希望她將精神放在談情說愛上，期望她以學業為重，前幾天又發現他們互寫留言本，甜言蜜語，身為家長實在無力處理此事，更擔心他們會發生身體接觸，軟硬兼施卻換來無言抗拒。

目前停止她所有的網連方式，也訂規矩要她遵守，表面上她都配合，但心情日記說明了她並未反省自己，仍一味責怪父母的不是，她覺得跟我們不必溝通，隨我們怎麼想，她仍堅持自己的戀愛之路，如何引導她正確觀念或應該考慮轉學呢？

聽林老師這麼說：

國一就交男友，且開始有肢體上的接觸，的確令家長擔心，導師除了擔心外，也害怕兩小無猜的行為會影響班上同學有樣學樣，因此家長不是關起門來教訓孩子，叫她不准談戀愛，而是要多請教導師及輔導老師，瞭解孩子在學校的同性及兩性人際關係，以及小男朋友的個性及在校表現，與老師們共商對策來開導他們。

男女同學正常交往並無不妥，看起來兩個孩子均早熟，而父母都是從未和他們談感情、戀愛之事，他們覺得自己長大了，基於好奇與興奮開始摸索感情之事，然而來自大人的反應都是不贊成，甚至是責罵或反對。女兒原本就被寵壞，此時一定想依自己的意欲行事，逼迫父母屈服，但這次你們是認真的，她知道一旦鬧翻就無法在夾縫中談戀愛，所以陽奉陰違，令你們焦慮著急。

要處理此事當然也得看你們做家長的態度，要處理得好，首先得要修補親子關係。與女兒懇談，表明尊重她的社交生活，但希望她能與父母多聊些自己的感覺，畢竟兩人還小，可以慢慢培養感情；也要求他們定期與輔導老師談談，瞭解正確的男女性愛觀，有時也可以在輔導室做家庭治療，展開親子對話，總之就是雙方各讓一步，以求重建信任。轉學或許也是方法之一，但女兒會恨父母恨上好幾年。

61 男友的家人都不太理我

愛情這個難題？

與A君交往兩年，他對我很忠心，我就是看上他不花心，才很放心地搬去他的住處，我南部的父母並不知情。我和A君的關係時好時壞，我曾離家住好友家兩星期，A君好言求我回去，我就心軟又復合了。

我無法忍受他母親及他的家庭教養方式，與他家人聚會時，他們全家人都不太理我，A君也自顧自地聊天吃東西。他其實很自私，很不負責也不細心體貼，我們常為了如何維持居家整潔而爭吵。家事都是我在做，還要幫他做便當，久了，他認為理所當然，未說過讚美或感謝的話，我上班比他辛苦十倍，薪水卻只有一半，回家還要照顧他，為什麼我如此命苦？

聽林老師這麼說：

Ａ君顯然是個被寵壞長不大的孩子，他運氣好交到妳這位有內外兼顧能力的好女孩，天天享受妳的照顧，比單身漢生活舒服多了，目前當然不會去找別的女友，但不表示他對妳的感情就永遠不變。就因為他自私只顧自己的個性，在戀愛過後同居生活穩定時逐漸顯露，妳對他的感覺也改變了，回收的好像不到付出去的一半，妳也開始懷疑這份關係的展望性了。

相戀的兩個人住在一起，除了方便卿卿我我之外，還要互相關心與照顧，費用分擔及家務分配都要先說好，而且最重要的是兩個獨立的個體得互相尊重，經常交流生活議題，溝通觀念，對於同居生活有共識，並以行動表達，兩人才能過得愉快。看起來妳在同居生活中並不開心，有委屈又不能向父母傾訴，再加上他家人對妳不友善，妳的感情關係越來越令妳產生孤單無依感。

Ａ君若是真懂得如何愛人，他就會看到妳的辛苦及勞累，安撫妳的不平並多給予稱讚，而且搶著做家事。他若真心希望妳參與他未來的人生，就應該當橋樑，拉近妳與他家人的距離。客觀來看，Ａ君不值得妳如此愛他，而妳也不需要扮演傳統賢淑的角色，還是先多愛妳自己吧，才會遇到懂得珍惜妳的男人！

62 心猿意馬，如何是好？

愛情這個難題？

我今年30歲，已與A女訂婚，三個月前我突然覺得不愛A女了，提出解除婚約，她傷心欲絕，我也被兩家人罵死，但我真的對她沒感覺了。為了心安，我還去做諮商，了解到自己是心不定，也還沒有能力培養親密關係，可是我有親密需求啊！

我決心要約同事B女出去，我一直對她有好感，但她遲遲不肯答應，就是因為我過去的風流史，但這次她居然答應了。不巧卻在同一天我遇見了C女，她風姿綽約，一見難忘。只是B女也很好，又出身名門，我追了好久她終於答應赴約。我並不想同時與兩位女性交往，如何是好呢？

聽林老師這麼說：

你並未細說風流史，但退婚就足以傷害很多人，好在你雖然沒有了愛的感覺，還有一些感情，所以去做諮商。自我了解固然很好，但你不能以自己的缺點為藉口，繼續創造輝煌風流事蹟。雖然目前有兩朵桃花出現在你的生活中，當然要深思熟慮小心處理，而不是只憑感覺行事，其實這件事正是培養你定下心來處理自己感情的最好機會。

你愛慕B女已久，而B女雖對你不信任，卻也因好奇心的累積而願意與你出來一對一見面，互相給予機會彼此認識本是好事，最重要的是你得控制自己的行為，談吐得宜，讓B女瞭解，這是「晚餐」之約，而非「情侶」約會，總要先從普通朋友做起。也許經過幾次交往後，她或你只想做普通朋友，只有雙方都覺得可以繼續交往，才能進入好朋友，乃至成為男女朋友。

對於C女，也是要抱相同的心態交往，絕不能太快投入性關係或情感關係，以致於誤導任何一方。若與兩女均為朋友關係，則可較透明化，你自己可以看得清楚，與哪一個女孩交往會比較適合你。如果你能在交往期間繼續去做個人諮商，對你未來的兩性關係發展會更有幫助的。

63

前男友離婚後回頭求和

愛情這個難題？

我19歲嫁給高中同學，他當完兵回來我們就離婚了，沒小孩。23歲時公司老闆熱烈追求，抵不過他的成熟魅力，我成為情婦，非常非常愛他，當時並不知道他已有小三。四個月後，他說太太決定不離婚要重修舊好，所以他要與我斷絕來往，我雖傷心，卻真心祝福他婚姻美滿。

三個月後他離婚了，馬上就和小三結婚，我才知道原來在我之前有此女。現在他們有兩個小孩，他卻開始發簡訊及電子郵件說他想念我、真愛我，現任妻子只是愛他的銀行戶頭。我仍單身，也還愛他，但我擔心若陷下去，後果難以想像，怎麼辦？

聽林老師這麼說：

A君感情生活活潑，情史豐富，很顯然，他怕孤單無伴，身邊總要有女人陪著。妻子有小孩要照顧，當然不能天天陪他，何況婚姻生活不比談戀愛，缺乏甜言蜜語及激情，以他的個人魅力及社會地位，要追女孩很容易，而妳因為前車之鑑，不想找同年齡男伴，一旦老闆近水樓台對妳好，妳就很純情地愛上他了。

A妻不可能不知道丈夫花心，必定吵過鬧過，但為了家庭小孩，決定再給彼此一個機會，A君乃信誓旦旦說要與妳分手，其實是犧牲你這位小四，還是偷偷與小三來往。他的婚姻當然無法持續，但他又離不開小三，所以離婚後沒多久就與小三結婚了，小三扶正生完小孩後，婚姻生活穩定，A君覺得不夠刺激，乃想到楚楚可憐不吵不鬧的妳。

A君現在是有兩段婚姻兩家孩子的人，雖說你這位舊小四，將會升成新小三，但A君只是利用妳對他的愛來滿足他的私慾，他對三個女人都不忠，妳也知道再投入他的懷抱是冒著傷害自己及他人的風險，而且不能保證他不會再去找別的女人，後來不是被分手，就是成為他的第三位前妻。短暫的歡樂將帶給妳一生難以平復的痛苦，妳覺得值得嗎？所以妳應該知道怎麼做才是對自己最有利！

64 我會不會是雙性戀？

愛情這個難題？

我在補習班讀高四，與高中同學A君認識兩年，他對我很好，已約會了七個月，我很愛他，只是我常夢到我和女生在一起。其實自13歲起，我就感覺到我被男生及女生都吸引，雖然我現在很愛A君。

我想我可能是雙性戀，我從來未向任何人透露此事，我知道我國中同學B女是雙性戀，但我不想和她談論我的狀況，除非我真的是。我真的很混淆，不知如何面對A君，好煩哦！

聽林老師這麼說：

青春期的煩惱很多，性導向是一大煩惱，但不論妳是同性戀、雙性戀或異性戀，夢到和女生在一起是正常的，因為人類的性導向本來就是多元的，人類的性及吸引力發生在一個極為寬廣的光譜之中，在未確定之前，是有可能遊走於兩端之中。當妳逐漸長大益趨成熟時，妳會慢慢釐清自己的性導向，跟隨妳的心做妳認為對的選擇。

聽起來妳和國中B女算要好，不必等到妳確定自己是雙性戀，現在就可以找她聊聊，多瞭解她的狀況，可以幫助妳去發現自己的自在點何在，相信她會瞭解妳的心情，也會尊重妳的隱私。重要的是妳要對自己誠實，即使是在混淆之時，不必去管別人怎麼看、如何想，自己覺得自在、快樂最要緊，畢竟先愛自己才有能力去愛別人。

目前妳對A君有感覺有愛意，他也對妳很好，所以妳要忠於這份感情。以後妳慢慢有了新的體認，決定要投入與女生的感情關係中，當然是可以的，但一定要對A君誠實且尊重，好好處理原先的關係，讓他理解原先的感情是真的，才能好聚好散，進入新的關係中。

65 訂婚後男友突然夜不歸營

愛情這個難題？

我和男友訂婚後住在合買的桃園小公寓中，打算明年底存夠錢結婚。幾週前他提到月底要去台北友人家喝酒聊天及打牌，打算睡在A君家，我不想當一個凡事控制的「惡妻」，勉強說好。昨天他又提一次，我就生氣了，我在傳統家庭長大，通常每星期日早上我們一定回去探望我父母並幫忙做家事。一個大男人有家卻夜宿友人處，已經令我不快，現在又要我一個人回去父母家。

喝酒不開車當然是正確的決定，但同居以來，他從未外宿，請問這是恰當的行為嗎？有一是否會有二？

聽林老師這麼說：

夫妻／伴侶維持良好感情，並不見得要天天廝守在一起，有些伴侶偶爾會各自出國或參加活動，甚至週末分別與親友去看電影或釣魚，以求取空間時間及心情上的平衡。然而感情緊密相處快樂的夫妻／伴侶會想和自己所愛之人同眠，舒服自在，即使有一方在外應酬，也會節制喝酒，清醒地開車回家讓另一半放心，而不是以住在友人家一宿離開伴侶來透氣。

妳說不想當惡妻，但又很不想讓他去，內心產生極大衝突。既然未婚夫已向妳報備，也答應人家去喝酒打牌，妳沒有理由不讓他去，但是可以表達妳的想法及心情。不妨老實說，「親愛的，我沒有想要管你，我只是覺得台北離桃園這麼近，你好像不應該睡在人家家裡打擾人家，但是你還是可以做你想做的事。」如此一來，你就不會有「惡妻」形象了，其實偶爾一個星期日你自己回娘家應該也還好。

兩人若要共同生活，價值觀得相近，婚姻觀、人生觀、金錢觀，甚至性觀念都得在婚前多交流討論。目前你們還未結婚，未婚夫外宿的行為也是一種感情考驗，若情況特殊，偶爾為之是可以接受的，但若一而再再而三，則表示這是他喜歡的休閒生活型態，那妳自己就得好好想想，妳是否甘心跟有這種休閒生活型態的男人過一輩子呢？

66 為什麼愛情要有先來後到？

愛情這個難題？

退役後想交女朋友卻苦無對象，好友B男正在追C女，無論他如何殷勤體貼，C女對他只有舊同事之誼，還請我幫忙傳話，拜託他停止追求，可是我說不出口，只能對他明示暗示。

後來C女常找我聊天，還邀我出去玩，B男自然難過，開始閃避我，我對他是有點愧疚，但C女很主動，會拉我的手也會靠在我身上，我很難拒絕。我的朋友們都覺得我不該搶好朋友喜歡的對象，而我除了愧疚，卻不明白，為什麼愛情要有先來後到的問題，或者若好友喜歡誰我就不能去喜歡誰的問題，我現在也不知該如何面對B男了！

聽林老師這麼說：

聽起來你是經由B男才認識C女的，且你明知C女是他所追求的對象。感情是無法強求的，C女若無意，她應自己處理與B男的關係，而不是讓你傳話，但是你也得處理你和B男的朋友關係，雖是C女主動追求你，導致你逐漸淪陷，但你從未讓B男知道，以致他及其他朋友誤會你是有意「見色忘友」。

你似乎很被動，總讓一些事情「自然」發生，而C女對你展開身體上的親近，你說「很難拒絕」，這是藉口，應是情慾超越理性，任其發生。聽你的口氣，你也還未真正在談戀愛，目前正處在曖昧期，但你內心是蠢蠢欲動，如果C女繼續主動，可能會一觸即發。問題是C女真的是你喜歡的對象嗎？你要的是一份什麼樣的戀情呢？請理性考量，三思而後行動。

愛情當然沒有所謂「先來後到」的問題，也不一定誰要讓誰，雙方當事人看對眼，願意在一起，則可走向戀愛之路，C女若想追求你，她應令B男信服，他只能是好同事好朋友，並不是她心儀的對象，而你基於朋友道義，也應該讓B男知道C女的心思動向，你可以告訴他你正在考慮與C女交往。B男雖不會好過，但至少你對他坦承，他不會有被背叛的感覺。

67 想著他，又愛另一個

愛情這個難題？

男友大學時就常逃課愛打電玩，畢業後每一份工作都做不久，好在他母親每個月給他固定費用，有時約會也是我出錢。他其實是很可愛的男人，對我也很好，就是不務實。我們相愛已有十年之久，但結婚卻遙遙無期，因為我父親說要等到男友有固定工作兩年後才能結婚。

三個月前我和同事A君有了戀情，本來只是開玩笑調情，後來演變到去賓館兩次。最近他調去南部分公司，我好想他，雖然他已有女友，我可以向他表達思念嗎？而我和男友又該怎麼辦呢？

聽林老師這麼說：

很遺憾，妳的兩份感情關係聽起來都是「此路不通」。男友工作做不久的狀況已近十年，應該不是懷才不遇，而是他個性的問題，應該已經很難改變了，他母親自小過度保護他，以及妳的寵愛寬容，使得男友更強化了他不想也不必工作的心態。

除了來自妳父親的壓力，其實妳內心也產生壓力。男友對妳再好，生活上也是得依賴妳及他的母親，一個經濟無法自主的男人，是很難擔當人生責任的。婚姻是兩個人的事，有了家庭孩子則責任重事情多，妳一個人的經濟能力及體力是無法照顧一家子人的，相信妳已經逐漸感覺到男友的不長進及不成熟，以及這份關係的無力感。

就是因為關係中有欠缺，互動已成固定模式，男女激情漸消，妳才會和同事弄假成真。人家只是吃吃點心，妳卻牽掛於心，思念滿滿。妳要向他表白什麼都可以，但他不可能離開女友跟妳在一起。目前妳的心思及努力應朝向個人的自我發展，妳以劈腿來處理妳與男友關係的挫折，是普遍且懦弱的行為方式。若想改變妳的未來，妳必須專注於改進沒有這兩位男士存在的自我生活。

68 男友不肯說愛我

愛情這個難題？

與男友相戀一年半，最初半年他常說他愛我，後來逐漸原形畢露，說他連自己都不知該不該愛，他無法說他愛我。我經常讚美他是男子漢大丈夫，是我最愛的人，也一直問他愛不愛我，他就是不說。

本來說要一起租屋同住，我都看好公寓了，他卻反悔了，說是無法面對現在的室友，請問我要如何讓他瞭解我的需求。我為我們的關係付出許多，但感覺不到他的愛意。他每次都罵我是個喜歡聽好聽話的庸俗女人，但還是每週約會，周末也會去賓館溫存，請問我該繼續維持這段關係嗎？

聽林老師這麼說：

男友停止說愛妳，說好同住又反悔，沒看見妳的付出，還罵妳是庸俗女人，妳覺得他有尊重妳及妳的感覺嗎？最初半年的戀愛時期必然甜蜜，妳的心就給他了，日子久了也就習慣兩人的互動模式，然後他的態度變了，大男人主義及自私自利的本性顯現出來，雖然兩人互動能有悅愉時刻，但大部分時間妳並不愉快且覺得不妥，內心開始質疑這份關係的展望性了。

妳的做法是正確的。當妳愛一個人，妳會表達妳對他的感情，以言語、肢體語言及實際行動來傳達，並非感情穩定後就要停止說「我愛你」。妳因愛他而稱讚他，他不在意，也吝於說「我愛你」三個字，也許他也開始懷疑他是否真的愛妳。如果他說「連自己都不知該不該愛」是真的，而不是藉口，這段感情要不要延續那妳就得多考慮了。一個人沒有能力愛自己，又怎麼有能力去愛別人？

妳不用再勉強自己去順應他了，要忠於自己的感覺。目前男友還需要妳，對妳可能也有愛，問題是妳接收不到，因為他利用妳對他的愛在操控妳。日久見人心，良好的感情關係應該經得起考驗，兩人一條心，而不是妳一面倒向他。所以妳自己要想清楚，這個男人值不值得妳奉獻身心。

69 怎麼向喜歡的人表白？

愛情這個難題？

我目前就讀高四，補習班內有另外三位我的高中同學，隔壁班的A男與C女在高三下就成為情侶，兩人都沒考上理想大學，決定重考，而B男是來補習班後才頻頻向我表態示好。我對B男沒感覺，只把他當同學看待，但因有近距離的接觸，我覺得我喜歡上A男了。

我一直告訴自己，等考上大學一定有更多更好的男友候選人，然而我有時會覺得A男也常在注意我。我可不可以找機會向他表白，然後看看他的反應如何？雖然他並不知道我對他有意思。

聽林老師這麼說：

妳這個年紀正在學習男女兩性的人際關係，補習班妳較熟的就是高中同校同學，妳刻意要和B男保持距離，就難免多和A男及C女交談。看到他們小情侶互動，妳有點羨慕，也認為A男是個稱職的男朋友，所以就心動了，這是人之常情。

妳有權利喜歡令妳心儀的男孩，但硬要介入已有感情基礎的男女關係中，其實對妳並不見得有利，大學畢業以前的男女生經常換伴侶並非鮮事，理由很正當，「他們沒有結婚，而感情的事『一只碗敲不響』，只要兩個人願意就可以了！」，且感情的事要自然發展，而非強求，何況妳上補習班的目的是要考上理想大學，受高等教育並享受大學生活，包括談戀愛。

大家每天擠在一間教室上課，聽課聽煩了，因為妳不想看B男，妳就去注視A男，他也會感覺到有人在注視他，難免會往妳這邊看，眼神有接觸，並不表示他對妳有興趣，何況他女友還在身邊。妳每天在教室裡堆積起妳對A男的好感及幻想，誤以為是喜歡，若要表白也不是不可以，但A男絕不會因妳的表白而馬上變成妳的男友，他不是內心掙扎就是不為所動，最受影響的還是妳自己，等待、不安、焦慮，甚至失望。所以還是祝福A男與C女，大家做好同學，一起打拼上大學，等妳進了大學，妳會有更好的選擇及更成熟的決定。

70 遠距戀情行不行？

愛情這個難題？

我是社會新鮮人，進公司才兩年。去年A女來實習，個性開朗活潑有笑容，人也很好，常跟公司同事們聚餐一起玩。其實從她來的第一天開始，我就喜歡上她了，但怕成為同事的話柄，也怕她拒絕，我選擇不告白，想等她實習完畢再說。

如今她實習完畢也大學畢業，卻因全家移民而要去美國念碩士，我真不知是否要告白。若她答應了，我們就得展開遠距戀情，靠視訊來連結與分享，長期如此，行嗎？但如果不告白，又覺得對不起自己，而且她永遠不知道我的心意，請問我該如何做才好？

聽林老師這麼說：

你在A女身上看到的優點，正是你自己沒有的個性特質，基於互補作用，你很欣賞她，雖然可以天天見面，卻只有同事互動，你缺乏自信，在乎別人的看法，也對感情有錯誤觀念，以為心中喜歡某人，她就會知道，認為向對方告白，她就會接受你，就因為你顧慮太多，想東想西，反而把自己對她的仰慕之情封鎖得滴水不漏，錯失許多可能建立感情的機會，否則同事們早就起鬨把你們兩個湊成對了。

看起來A女並未感受到你的情感，而她本身亦未對你另眼相看，大家都只是好同事，且她家本來就計畫移民，她必有自己的人生規劃，並不急於談戀愛。如今A女赴美在即，你擔心從此再也見不到她了，急於表白，你心裡明白她是不會留下來的，卻抱著些微希望你們可以展開遠距戀情。

你對A女的愛慕之情，越積越滿，表白本身並沒有錯，而是你表白的目的何在。她可能會大吃一驚，然後慶幸她要出國了，當然是說以後保持聯繫；另外也有可能因此心動，但沒說什麼，只說很感謝你對她的好，因為事實上她也不能做些什麼。戀愛是要有過程的，並不是她答應做你的女朋友，就可以馬上展開戀情。遠距戀情並非不可能，但你與她感情基礎薄弱，時空距離一久遠，一方或雙方的感情就會慢慢消退。

71 如何擺脫恐怖情人糾纏？

愛情這個難題？

系上A男經常「不經意」經過我身邊，停下來聽我和別人聊天。我不想理他，一看到他就盡量迴避。他可能覺察我對他的排斥，轉而找我好友B女，藉故加入我們，我們都覺得他莫名其妙，我內心很不舒服。

這學期A男變本加厲，積極插入我和別人的對話，我得處處小心。最近他買了新手機，我聽同學說他偷拍了我，將相片設為手機桌面，上課時還一直盯著我看，讓我心裡發毛。現在下課後我得飛快離開，否則他就會突然出現在我面前，他的無數舉動真的造成我很大的困擾，碰上這種同學該怎麼辦？

聽林老師這麼說：

A男利用同班同學之便，經常陰魂不散地出現在妳身旁，雖未做什麼妨礙妳或對妳不利的事，但他的舉止行為已經令妳感到不舒服，的確是一種騷擾，但因為不是性騷擾，也未構成妨害自由或公然侮辱，所以似乎尚無法律條文可以控訴他。偷拍相片的部分，只能請他刪除，他若不肯，事情一旦鬧開來，當然會對他不利，他應該會照做的。

A男的確是個問題人物，但妳也有自己的問題，妳就是太隱忍了，雖然是班上同學，他也該有人際分寸。也許他太迷戀妳了，妳只是消極地迴避他，對一個走火入魔的單戀者而言，他感覺到妳注意他的存在，妳可能因害羞而躲開他或故意忽視他，這當然都是他一廂情願的想法，但是妳的容忍他卻解釋為「鼓勵」，因此妳真的要採取行動了，要面對面大聲地對他說，聽別人說話時請不要插話，或不要偷聽妳跟別人說話，你們只是一起在課堂上課的同學，妳並沒有視他為朋友。

妳以溫柔堅定的口氣與態度劃清了界線，A男若聽不進去，妳可運用全班同學的輿論及態度來給他壓力，這種事是他不對，並不是妳不顧同窗之誼，因此沒什麼好害怕的，如果這些警告對他均無效，妳就得去學生諮商中心向諮商老師報告，請他們協助處理。

72

男友心繫「良師益友」

愛情這個難題？

不久以前我發現交往八個月的男友有一個「良師益友」，是個大他18歲的女律師，他們認識三年了，平日發簡訊，偶爾見面吃中飯，是男友不經意說出來的。第一次聽到時我什麼也沒說，沒質問，也沒與他談起該女，但感覺他很噁心。我知道男生對成熟女性會有遐想，因為很愛男友，我決定不去想它。

前天我們與朋友吃飯時，男友又提起該「良師益友」對他影響很大，我忍不住大聲對他說，「太噁心了！」他當場板著臉。此後我們都沒再談論此事，因我知道再說下去一定會大吵。他為何如此做呢？我是否該試著去忽視這件事？

聽林老師這麼說：

妳與男友均為成年人，男友認識女律師時也是成年人，他倆的關係來自你們相識之前，而男友自動在妳面前提起，顯示這應該是姐弟純友誼關係，在妳還未弄清楚他們關係的本質之前，妳就被「噁心」的認定與感受所壟罩，則無論男友再跟妳說什麼，妳都聽不進去，而妳的閉口不言，不但切斷溝通，也會令男友覺得是妳小家子氣在吃醋。

想想看，如果他倆有什麼曖昧，男友為何還要與妳交往，且以男友的身分對待妳？他與熟女必有互相欣賞及吸引之處，至少他們談得來，分享個人專業且互相尊重，友誼才得以維持數年，也會繼續下去。人出了社會，男女不是只有愛侶關係，人際關係的種類甚多，以他們的情況而言，只要任一方都沒有非分之想，人際尺寸拿捏得宜，他們是可以有姊弟情誼或純友誼的。

若真愛男友，就得想得深遠些，不妨改變認知、調整心態，以中性心情代替噁心感覺，告訴男友妳尊重他與這位女律師朋友的交情，有機會也願意認識這個對他意義重大的貴人，絕不會干涉他們的交往，也希望這位貴人朋友能接納她，引導她。按照常理，男友應該是不會拒絕的，否則就真的有問題了。

73 看不慣好友一再劈腿

愛情這個難題？

A君是我要好的同事，也是三年同居室友，兩人相處融洽，最近我發現他背著遠在高雄讀書的女友，開始與同事B女來往密切。其實這已經是第二個了，第一個女生的戀情很快就結束了。我面質他的不忠，他很誠實地承認需要人陪，只是玩玩而已，他還說有告知女友，女友還是願意等他存夠錢跟他結婚。

昨晚B女來我們住處，留在A君房間過夜，我覺得很不自在。今晚我告訴A君這樣做不對，對女友不公平，他只說「對不起」三個字。我不想老是去挑戰他的行為，但我不知除此之外還能做些什麼？

聽林老師這麼說：

如果你不想繼續走在衛道之路上，挑戰室友有瑕疵的個人道德，那就停止關切這件事，請封口吧！他可能不會選擇停止愛情遊戲，畢竟他和女同事都是成年人，也知道A君是名草有主，而你卻可以選擇不再去管A君的事情。

你有自己為人處事的原則，你也關心A君，且愛屋及烏，你很為他女友抱不平，你陷入已深，很難要你住口不提且不去想它。只是，這是A君的人生，不是你的。你不是他老爸，他的照顧者，或者他的假釋官，你只是他的好同事、好室友兼朋友。何況你已經面質過他的這種行為，說出你的想法及感覺，該說的、該建議的他都聽到了，怎麼做就是他自己的事了。

A君顯然聽不進去你的話，他在感情方面有自己的行事風格，你們不是同路人，因此有關這方面之事，除非他主動詢問你的想法，你還是放在心裡吧！但是你可以讓他知道，你是絕不會為他而去向任何人說謊的，也會盡量努力去與他這有道德瑕疵的錯誤選擇共存。總之，不要將此事放在心中成為你的煩惱，也不要去干預A君的生活，還是多照顧自己吧！

74 他到底喜不喜歡我？

愛情這個難題？

和交往三年的男友分手三個月，至今還是很傷心。一個普通朋友A君邀約我吃晚餐，聊得還滿開心的，於是我回請他，一來一往，兩周內吃了六次飯，而且每天講電話。六天前他請我喝啤酒然後看電影，他姊姊與姊夫也加入，相談甚歡。

當晚他送我去搭車時，我主動向他說，如果想見我可以隨時Line我，我請他加我的Line。但至今他未Line我，也未打電話，我擔心他對我失去興趣，或認為我是個無趣女子。我真誠喜歡他，也希望能發展感情關係，請問我是否太心急了？

聽林老師這麼說：

普通朋友最近居然頻繁邀約，而且你們還禮尚往來，又每天講電話，顯然A君知道你恢復單身，對你有興趣，一來試探妳再交男友的意願，二來想要藉更多互動了解雙方是否合適交往。聽起來幾次吃飯互動彼此談得來，A君才會繼續邀約喝啤酒、看電影，也請姊姊夫婦加入，妳自己不也感覺很不錯嗎？為什麼會變得如此沒自信呢？

如果妳真想再見到A君，或問他事情會否有進展，妳當然要打電話或發訊息給他。先謝謝他那晚的招待及開心相聚，同時表示很高興能見到他的姊姊與姊夫。然後問他有沒有興趣出來喝咖啡聊天，看看他如何回應。他是有可能後悔不該讓姊姊加入約會，他們也許會認真看待此關係，而他可能擔心妳會因見到他家人而想要加速發展關係。

A君顯然還沒準備好要發展戀人關係，目前還在觀望中，還停留在比普通男女朋友還多一點點的狀況中，妳以普通異性朋友的口吻打電話給他會讓他安心些。而妳自己也才分手不久，還未整理好情緒，請勿操之過急，慢慢來，以平常心看待這份關係，對雙方都有益，如此未來關係才會有展望！

75 我們的關係是否能更上一層樓？

愛情這個難題？

我大四時認識在當兵的Ａ君，雙方都覺得碰到對的人了，役畢，他要求我搬去他家住，徵求父母同意後我和他一家三口住在一起，已經三年了。由於我們的工作不穩定，收入少，除了零用錢外，生活完全是靠他父母接濟。男友認為沒關係，反正是一家人。

我告訴他，如果他向我求婚，我一定會答應，也要生兩三個小孩。問題是他原先說明年可以考慮，現在又說「再看看吧，不急！」，我不會逼婚，但卻很想全心全意與他合法地一起生活。我很想確定我們的關係是否能更上一層樓。不管怎樣，我都要跟他在一起，請賜高見！

聽林老師這麼說：

妳在這份關係中缺乏安全感，一心以為結婚就可以讓關係穩定且永遠存在，很明顯地，妳是真心想要結婚生小孩，而男友則還未有任何計畫，所以妳一邊等待一邊心焦。事實上你們對未來的期待是背道而馳，除非妳能為他放棄自己對婚姻的冀望，安於目前的關係中，但妳會越來越覺得不滿足的。

男友說「不急」，也沒錯，你倆都還年輕，不夠成熟，談建立家庭有點太早，談婚姻生活則目前的同居狀態不也差不多，因為兩個人在經濟上尚不能獨立，吃住等主要開銷還得仰賴A君父母。妳算是幸運的，他們愛屋及烏接納妳住進他們家，似乎也把妳當孩子看。另外要注意的是，這份關係聽起來並不平衡，妳想透過結婚黏A君黏得緊緊的，而他則認為妳住在他家就已經是家人了。

如果妳真想要有好婚姻和家庭，妳必須先有自我及獨立生活的能力，有一技之長，找個好工作，經濟獨立，生活獨立，感情也獨立，而不是寄人籬下黏著男友。最重要的是，男女關係得兩頭平衡，因此不妨與男友懇談，兩人共同談談未來，有共同目標，但也要各自奮鬥，以作為日後結婚之準備。男友若不想參與，則妳可以看到妳的未來就是這樣，或比這樣更糟，那就要認真思考這個男人是真愛妳嗎，以及是否值得妳愛？

76 父母極力反對我與男友同居

愛情這個難題？

男朋友和我今年都是25歲，交往了四個月。我們大概一個月前租了一間小套房，打算過同居生活。但由於個人工作的關係，我們不是每一天都會在那裡過夜，然而每一次到那裡過夜，我父母的反應都很大很大，又吵又鬧又哭，他們很反對，覺得我翅膀長硬了，不尊重他們。

可是我們只是想一起生活而已。我應該做些什麼，可以讓他們相信我們不是玩玩，而且目前也還沒想要結婚。我該怎麼辦？

聽林老師這麼說：

情侶陷入熱戀中，總想自由自在地愛，想要有自己的空間與時間，所以你和男

友租房同居，事先未徵詢過父母的意見，而租了房子又不是天天住在那兒，各自還是住父母家，也難怪父母會生氣，因為兩人無結婚的念頭，只是因想幽會而同居，並不是真正要學習過獨立生活，仍有一半時間靠家裡，房租也等於浪費了一半。

25歲是大人了沒錯，但社會經驗不足，雙方認識也才四個月，就貿然用部分薪資租房同居，是有點太快了。同居不是壞事，男女若感情基礎穩固，與雙方家人都相處得不錯，有結婚打算，則同居是結婚的前奏，大家都會以嚴肅的態度來看待這件事。父母大大反對也是因妳一頭栽入熱戀，他們擔心這是男友的主意，就算是兩人共同商量決定的，也應請示或告知父母，而不是先斬後奏，父親的責罵及母親的哭鬧說明了他們的關心與擔心，請不要以敵對的心態來逃避他們。

真正的愛情是經得起時間考驗的，妳若愛男友，當然希望這份愛情長久，所以應該慢慢來。最好的方式是常帶男友回家與父母家人吃飯聊天看電視，觀察他對妳家人的態度，多了解他的個性，同時家人也會幫忙觀察瞭解。而不是只侷限於兩人天地中，畢竟這份關係得立足於家人關係與社會關係中，才能因有內在的感情及外來的祝福而滋長。因此請妳和男友對同居一事多加考量，還是往正確的方向為感情紮根吧！

77 只顧享樂不計後果

愛情這個難題？

小妹很花心，進大學後交了無數個男友，現在已進入社會，有了親密男友，卻還常和她死黨私下去夜店玩，我勸過，她哪裡聽得進去？因此我先生認為她放蕩不可救藥。

很不幸，小妹懷孕了，她私下告訴我不知懷了誰的孩子，因同一星期內和男友及A君每天都有親密行為。母親不知情，催促她快結婚，我覺得她太不成熟，只顧享受不計後果，萬一孩子是A君的，卻讓妹夫養大，這不是對A君、小孩及妹夫都很不公平嗎？我不知是否要告訴A君，雖然我不認識他？

聽林老師這麼說：

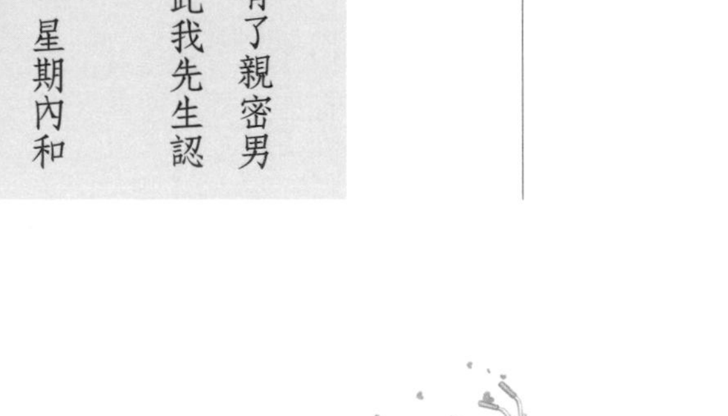

聽起來令妹在情慾方面很放縱自己，喜歡及時行樂，卻又不懂得保護自己，果然給自己惹上大麻煩，只是她已是成年人，應該學習對自己的行為負責，妳生她氣，評斷她，也無濟於事，而妳寧可找A君談也不願意跟自己的妹妹談，是逃避做姊姊的角色，何況她將此事透露給妳，就表示她信任妳，向妳求助。

令妹既然有要好的男友，她顯然就是打野食，與A君玩玩，也不知A君願不願意負這個責任？如果她與A君是認真的，當A君不久以後發現她懷孕時，他自然會去找妳的小妹談。而妳的妹妹與男友顯然願意因懷孕而步上紅毯，這也是她的選擇，並非不得已非結婚不可。

因此身為姊姊，妳只需和妹妹好好溝通。家人並不知道她一向的行徑，倘若知道了，除了責罵她外，一定是加速她步入婚姻。妳得弄清楚，妳不是去監控或矯正她，妳先要心平氣和地表示，姊妹連心，妹妹有這種行為，姊姊心情也大受影響，自己窘迫也對她感到失望，然後再分析事情的嚴重性及對身邊每一個人的影響，讓她想想要怎麼做才能將傷害減到最低。她是大人，必須自己做決定，若覺得惶恐，可以去做婚姻諮商，先整理自己，再處理問題。

78 怎麼擺脫前女友糾纏？

愛情這個難題？

與A女交往兩年，已論及婚嫁。年初三那天去拜訪她父母後，整天在她房間裡聽音樂聊天。她下樓拿點心時，正好手機響起，我打開她皮包拿手機，不巧看見一封情書卡片，裡面是B君寫的一些肉麻話。我當場質問女友，她坦承B君追她，有兩次一起出去用餐。

過兩天我居然在臉書上看到B君貼上他們去餐廳的美味食物，我覺得事情沒那麼簡單，當機立斷與A女分手。她一直打電話來，又到我住處等我，哀求我不要離她而去。受不了她的美人計，我們又發生關係，但理智上我知道我不能復合，也不想再受傷了，請幫助我！

聽林老師這麼說：

已論及婚嫁的女友劈腿，表示你們的關係出了問題，是你近來太忽略她了，還是兩人歧見越來越多？既有結婚打算，就要以真心相待，也得對自己誠實，請仔細檢討你們最近的互動，找出到底是什麼地方出了差錯，即便要分手，也得說服自己與對方，找出兩人不適合在一起的充分理由，因為劈腿只是個導火線。

目前最重要的是雙方要把事情談開來，A女若想另交男友，當然放她自由；若只是一時意亂情迷，就看你要不要給自己及她一個機會繼續交往，但不必急於結婚。聽你的口氣是不想復合，那就更不應該習慣性地發生性關係，自己身陷肉慾與理智交戰，也會誤導A女燃起希望。溝通時可選在咖啡廳簡餐店，每次不超過一個半小時，然後說有事，自行先離去。

女友的作為的確令你受傷，若不是你無意中看到卡片，還不知要被蒙蔽多久。若你決心結束這段關係，你就得學習走出情傷。時間會治癒所有的傷口，但你自己也要努力，可以加速療癒、恢復自信、發展其他友誼與興趣，開始過自己的生活。你的態度要堅決、行為一致，口氣要溫和堅定，A女才能感受到你的決心，會因慚愧而死心的。

79 選A或選B，真的很難取捨

愛情這個難題？

我在大四時遇到研一的A君，他正是我夢寐以求那一型的男生，不顧一切地追求他，很快就陷入熱戀。他鼓勵我考研究所，幫助我規劃考試的準備，結果我考上中部學校，雖然只有兩個多小時的火車，就已成了遠距戀情。

第一年我們每周末相聚，但功課忙就少見面，所裡的學長B君照顧我、疼愛我，我情不自禁就跟他在一起，也有了親密關係。同時跟兩個男生交往，我真的很難取捨，但不幸被A君發現B君給我的親密簡訊，他立刻與我斷交。這一個月來他完全無音訊，我才發現我好愛他，好想要他回頭，怎麼辦才好？

聽林老師這麼說：

大學裡男/女朋友劈腿的情況不少，尤其是初戀愛侶，被劈腿的那方總是傷心欲絕，甚至有一段時間不敢再談戀愛。妳在大學及研究所生涯中必定見過不少，應該知道劈腿的後果及其影響吧。你狠狠地傷了男友一回，卻一心想要他回到妳身邊，妳有沒有以同理心來感覺他的心境及情緒？妳還是未能替他設想，依然從自己的需求來考量。

妳很年輕，在感情處理方面顯然不夠成熟，也缺乏原則，且生活方面獨立性不足，常需要人陪，有待學習獨處及時間分配，最重要的是妳得知道自己在感情關係中要什麼，以及如何去維持並發展妳自己樂在其中的戀情。失去了A君才感覺到匱乏，妳得問問自己，是不習慣呢，還是真正發現到B君只是陪伴，而A君才是真愛？

雖然妳已成年，感情自主，但在自我成長的過程中要學習的還很多，雖然妳的心情也不好，但首先要學習的是道歉並請求寬恕，這不是冀求復合的手段，而是一個人照顧受傷者的基本方法，不求回報，不抱希望。另外，妳也得檢視與B君的關係，若不是真愛，為何要去傷害人家？妳第二個要學習的事情就是懂得忍耐暫時的寂寞，享受獨處的樂趣。

80

男友父母不贊成姊弟戀

愛情這個難題？

我35歲，單身，因工作關係搬到台南，很不習慣，好在認識了小我5歲的台南人A君，互相欣賞，陷入熱戀，我要他搬來跟我同住，他只肯在周末住一晚。為此吵過幾次架，他才說他家人不會允許婚前同居，他只敢說和朋友打牌太晚住他家。

都已經30歲的人了還離不開家，我實在無法理解他的想法。我覺得他愛我不夠，他說不是不愛，是不知道該怎麼走下去，因為他的父母一定也不贊成姊弟戀，雖然愛我但也不能傷父母的心啊，所以我們現在是「地下情」，這不是我期望的愛情啊，該怎麼辦？

聽林老師這麼說：

A君的婚姻觀與核心家庭價值與妳大不相同，他生長在觀念保守的家庭，一切以家庭為重，結婚得經過長輩同意，且婚後有可能與家人同住。A君一直都傳承這些觀念，但在你倆互相吸引時，他並沒有想這麼多，一頭栽入。現在妳希望進一步同居，他卻不敢不回家睡覺，雙方觀念差距就出現了。

妳認為社會風氣趨於開放，30歲的成年人相愛，同居有何不可，所以希望A君能自家庭分化，脫離家庭的無形束縛，只是他無法說做就做，從「零」到「有」，他還需要一段很長的時間調適。也許自熱戀開始，他心裡就在掙扎，想順妳的意讓妳開心又怕觸怒家人，所以他乾脆不說，瞞騙家人說去朋友家打牌夜不歸，在不敢面對現實的情況下，他只有採取「折衷」的辦法。

他這樣做妳當然是不滿意，但妳越逼他，他就越感壓力。如果妳希望感情能開花結果，妳得和A君好好溝通，各人說出對這份感情的期待。如果他也想跟妳結婚廝守後半生，則同居議題就不是當務之急了，他得要有勇氣告訴父母，自己珍愛的人大他五歲，然後帶妳去他家，讓大家熟悉，總是見面三分情，看到妳與

A君互動，他們的成見可能會消失。重要的是妳也要試著去適應他的家人，先得釋放出尊重與誠意，先讓幾步，以後結婚才有可能搬出去自組小家庭。倘若男友拖延不肯面對，妳就不需要對他有期望了。

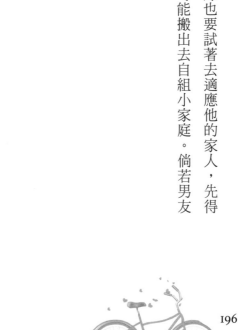

81 想將好友變女友

愛情這個難題？

A女是我初就業時的好同事，兩人很談得來，後來我換工作，我們還是經常通話，偶爾出來吃飯。五年來她交了兩個男友，都因不合適而分手，我也和高中起交往八年的女友各奔東西，說也奇怪，我沒有很傷心，而A女也是隨緣的樂天派。

最近我發覺有點喜歡上她了，生活好像不能缺少她，很想將我們的情誼發展到下一個階段，雖然A女對我的態度始終如一，我真怕一旦我採取行動，我們之間的美好關係就會改變，該如何是好？好煩啊！

聽林老師這麼說：

你老是擔心友誼若塗上浪漫色彩，兩人關係就會變壞，但你的本意不就是希望把多年女性友人變成現任女友嗎？內心矛盾得很，想的比說的多，對方並不知道你的情緒積壓與掙扎歷程。你說A女「態度始終如一」，亦即自認識你迄今，都對你很好，相處愉快，顯然她對你是有好感的，而這種互相有好感就是友誼的基礎，自此更上一層樓的可能性是相當樂觀的。

你倆都有過情史，各自都往前看，也聊過很多，表示你們認識很深，雙方優缺點都很清楚，也就是因為很了解對方，你才會發現原來自己想要找的對象就是A女，既然目標明確，就得大方而誠實地展開攻勢，態度一定要坦然，忠於自己的感覺，以徵詢的方式說出來。

A女也許會驚訝得說不出話來，說不定她早就有同感卻不好開口，無論如何，你不試不知道，試了就知道。如果A女很高興你替她把話說出來，則你們情誼的發展是最棒的親密關係——愛情加上友情，以及長久以來分享的生活經歷。倘若A女只想跟你保持友誼，那就表示她肯定你的為人及友誼關係，她才會坦誠以告。總之，向A女告白是一個挑戰，需要勇氣說出口，也需要勇氣接受風險，無論成敗，都證明了你是個成熟的男士。

82 不愛了，卻還要求作愛

愛情這個難題？

我與A君相戀四年，去年夏天他向我提出分手，只說沒感覺了，我傷心不已。兩個月後他提議不定期做愛，因為捨不得我，因此我們成了炮友有九個月之久，直到我發現他自分手起就一直與B女交往，而且最近已訂婚了。

真可惡，他一直騙我說沒女朋友，所以常常會想到要抱我，沒想到他享齊人之福，也在欺騙他的未婚妻。如果我是他的未婚妻，我是絕對不會要這樣不誠實又貪慾的男人，我覺得我有責任在她未結婚前讓她知曉，而我自己的傷也很難療癒，好痛苦！

聽林老師這麼說：

妳好像還很愛妳的前男友，他提分手傷了妳的心，妳還應他的要求維持性關係，也沒察覺出他的心在另一個女人身上，相信他仍舊是王老五的謊言。他的行為固然不對，但純粹性關係也是妳自願的，他認為他另外交往女孩不關妳的事，所以不必讓妳知道。這個男人根本不念舊情、不尊重妳，越早與他徹底斷絕關係越好，妳才能開始新生活及發展下一段感情。

前男友對他未婚妻不忠是他倆之間的事，他現任女友自己也有責任睜大眼觀察她所選擇的男人。妳以「前女友」的身分向她揭露事實，她不見得會相信，很少有「小三」自己跳出來忠告的，她以為妳是因為吃醋而來踢館，而前男友則會說妳是糾纏未遂前來報復的，他們怎麼想其實不重要，只是妳現在還在憤怒傷心的情緒中，自己也分不清是復仇還是見義勇為，還是先整理妳自己的身心及感情，找回自己，以後不要再陷入這種不明不白的關係了。

雖然說妳和前男友的關係不堪回首，但若能以中性態度經常反思，檢視自己該負起責任的行為，自過去的經驗中學到教訓。最好去做心理諮商，確立正確的性愛感情婚姻觀，以全新的妳去迎接一段健康的新關係。

83 我是客家人，有問題嗎？

愛情這個難題？

我與A君交往三年，他有為又體貼，是我欣賞的那一型。我們平日相處愉快，最近一年開始每週六去他家晚餐，逐漸發現他父母非常痛恨客家人，明知我是客家人，老愛在我面前辱罵過去曾在生意上欺騙A君伯父的客家朋友兼合夥人，還再三訓誡我要學閩南人的老實認真，否則還是早早分手。

A君試著與父母溝通多次無效，他就要我忽視他們的歧見，安慰我說是他要娶我不是父母要娶我，我心裡很不舒服，他們一竿子打翻一船人，我好想對他們尖叫，甩頭就走，但深愛男友很難離開，以後還要與他們見面相處，請問我要如何忘卻並原諒？

聽林老師這麼說：

A君父母將對客家人的歧見發洩在妳身上且訓誡妳，已涉及人身攻擊，基本上他們已在提防妳。倘若妳和A君結婚，以後任何觸怒他們的事都會歸咎於妳。每次去他家吃飯都感受壓力，妳已經到了快不能忍受的地步了，難怪想尖叫而離開。現在是妳該面對現實，保護自己人權，重新審視這份感情關係的時候了。

男友愛妳，不容懷疑，但他只是「試著與父母溝通」，而不是去說服他們並要求父母不可以以偏概全，尤其要尊重他所愛的女孩。事實上他把對家庭擺第一，然後才是妳，顯然還未自家庭中分化出來，所以才會要妳去忽視那永遠存在於父母心中的族群歧見。

A君母親還以分手來威脅妳，相當強勢，妳一定不甘心，不願讓她稱心如意，如此一來「婆媳」對峙在婚前就開始了，婚後還會有好日子過嗎？小夫妻可以跟公婆切斷關係嗎？當然不可能。因此妳不要再沉默了，要為自己辯護，不是每一個客家人都會騙人。若他們觀念不改，男友也不顧妳不被尊重及不良感受，妳要考慮他對妳的愛是否能通過考驗，千萬別感情用事，結婚前再三思。

84 喜歡上未曾謀面的他

愛情這個難題？

三個月前A君意外地將我加入成為他的臉書好友，事實上他是經由朋友推薦我們教會團體，加了好幾位天主教教友，我正好在其中。能跟教友在網路上交朋友，且談得來，分享人生價值觀及個人生活點滴，我很開心。他在大陸某台商公司上班，我們以電子郵件及視訊軟體聯繫，我發現我喜歡上他了，想要更進一步。我爸媽以前也是遠距戀情開花結果的，我相信我也可以應對。想請問，喜歡上從未謀面的A君，只因我們有共同的價值觀與興趣，是理性還是不理性？

聽林老師這麼說：

網路交友的情形在生活中是常見的，交換訊息越聊越多而喜歡上身處遙遠的對方也是自然的，就因為不能見面，個人在網路上都將最好的一面呈現給對方，也憧憬理想化的愛情，妳目前就是在網路上形塑妳想要的愛情。兩人若真的常分享各自的生活，溝通想法，交流價值觀，對於遠距戀情是有加分的，尤其你們同為教友。

喜歡上對方並不是非理性或什麼錯事，然而這只是妳單方面的想法，不知對方是想與妳做純網友，還是也因談得來而有進一步交往的打算，因此妳先不要投入感情。妳可藉由雙方的良性互動及情感表達，得知對方究竟是仍保持距離，或者越談越深，溫暖的言詞打進妳的內心，當然也可以試探一下。

雖然A君也是教友，但因從未見面，且網路交友風險大，還是小心為上，瞭解他身家背景的真實性很重要。台商幹部通常有假能回台灣省親，等他回台約出來見面，深入認識對方，面對面互動，腳踏實地對談。倘若對方在還未見面之前要求貸款或提供有豐厚條件的生意機會，則這個人絕對不是真心交往，立刻將他列為拒絕往來戶。

85 年齡是不是差距？

愛情這個難題？

我今年40歲未婚，約會的對象都是30歲以下的年輕女孩。最近21歲的大三A女跟我分手，當初是她先約我出去的，我們交往一個多月，她就無法承受來自朋友及家人的壓力，開始躲著我，並接受班上男同學的邀約，被我發現後她才說是年齡差距的關係，不想再跟我繼續交往。

然而我們還是每天通電話，有時候還講上幾個小時。她給我的感覺是我從未有過的，我們好像是天生一對，我無法將她自我心中趕走。我很想先保持現狀，每天通話，至少有親近感，也許她對我還是有感覺有愛意的，您說是嗎？

聽林老師這麼說：

大學生涉世未深，與社會人士交往就已經令父母擔心了，何況又是40幾歲未婚的黃金單身漢，A女起先可能被你的成熟魅力迷惑，很想多見面，聽聽你的經歷及甜言蜜語，她以為這就是戀愛。周遭的朋友也會背後討論或當面勸說，她面臨各種壓力，開始害怕這份關係不被祝福，因此決定先與同年齡的男生交往，以求心安。

A女清純，你享受她的仰慕及聽話，她給你的感覺必定與以前交往過的女孩不一樣，而且是她先提分手的，你覺得不甘心，因為人性裡得不到的就越想得到，因此你讓她的影像在你心裡紮根。但是請運用理智，小女孩進入社會後也會長大成熟的，她不見得想和當年她仰慕的你繼續談戀愛，因此不如現在放手，讓她去追尋自己的戀情。

你說她似乎對你還有興趣，你們每天講電話，應該不是談情說愛吧，她不是已經跟你說清楚，不想跟你繼續交往嗎。善良的她可能覺得有愧於你，或想和你好聚好散，保持朋友關係。聽起來你相當被動，似乎在等待她回心轉意，如果你夠成熟，真的為A女好，就應該告訴她以後不必沒事通電話，雙方還是朋友，有事再連絡。

86 訂婚兩年半，他依然像逍遙單身漢

愛情這個難題？

我來自單親家庭，自小就想要有自己的家，結婚生子是我的夢想。與A君交往兩年後，他受不了我的吵鬧，邀我合資買了一個小公寓，搬入同居，我以為這是結婚的準備，而家人也要求得先訂婚才能同居，所以我們是未婚夫妻。

已經訂婚兩年半，我都30歲了，他仍不想結婚也不喜歡小孩。自從有了I-Phone後，他隨時隨地可以上網玩遊戲，尤其是夜晚，勸他也不聽。我過的是操勞「妻子」的生活，而他卻認為自己是逍遙的單身漢，請問我是否該等下去，等到他願意點頭結婚？

聽林老師這麼說：

聽起來妳已開始擔心自己的未來，沒錯，妳的未來就是現在這個樣子，而且情況可能會更糟，請先問問妳自己為何要和與妳沒有共同人生夢想的人訂婚？他是息事寧人才與妳同居，合資購買公寓是為了要安撫妳，並沒有要與妳一起完成夢想，而妳卻以為未婚夫妻相處久了，他會改變心意。

你倆互相欣賞優點，真心相愛，毫無二心，但個性不同，人生基本價值觀有異，妳天生喜歡小孩，他不喜歡小孩，那是個性特質；有人不相信婚姻或不想被婚姻家庭綁住，那是價值觀的議題，此種價值觀的改變甚為困難，尤其妳越吵越逼他，他可能因不想面對而更拖延、更逃避，玩線上遊戲也是一種逃避方式。

妳繼續與A君這樣生活下去，夢想將永遠不會實現。妳已經給他足夠的時間去思考及準備，而他只想享受「妻子」的服侍，卻沒想盡「丈夫」的責任，也就是沒有照顧妳的心。當然妳收拾行李搬出去，會引起他的注意與恐慌，但妳並不只要這樣，妳要的是尊重、被疼愛及對人生有共識。因此妳得先處理共同財產——房屋之事，拿回自己投資的錢，然後再談解除婚約之事，妳也可以選擇繼續留在這份關係中。

87 以前的情書、照片及禮物該怎麼處理？

愛情這個難題？

父母早逝，我撫養弟妹成人，前後兩位男友雖愛我，卻不願意承擔我家弟妹的生活，我只好勇敢地面對失戀。我現在已經39歲，弟妹可獨立生活，而我與A君交往兩年，想要結婚。

我想問的是，以前的情書、照片及禮物該如何處置？他離婚後，也交過兩個女友，想必也有情書照片。畢竟這些東西曾帶給我快樂，讓我嘗到愛情的滋味，也因這兩段感情我今天才能擁有A君的愛。我們還未討論此事，該提它嗎？

聽林老師這麼說：

沒有一段感情是可以被忘記的，它只是被淡化而儲存於記憶的某一處；也沒有法令規定與從前感情有關的事物要如何處置，端視當事人如何看待這些東西。有些人藉這些來提醒自己的失戀，情緒仍留在過去的悲傷中，容易觸景傷情，當然這對新感情沒有助益；而有些人藉丟棄來抹煞曾經傷過心的回憶，雖是做得到，卻永遠無法心平氣和地面對。

妳的態度相當正向，妳深深了解人家沒有義務來幫妳扶養弟妹長大，所以雖傷心卻能接受失戀，非常明理，只能說老天作弄人。說老實話，妳當時若勉強結婚，現在也不一定會在一起，好在妳一個人熬過來了，老天爺將一個好男人帶到妳身邊，兩人都渴望有一個美好的共同未來，真的都應該感謝那些前男友前女友，甚至前妻，沒有他們，何來今天。

因此妳不妨與A君討論這個議題，看看他的反應，也可更進一步了解他的個性。整理這些前朝「遺」物，就如同年終大掃除一樣，重要的東西還是留著，有些東西就是丟棄也不會心疼或後悔，因此妳與A君經常溝通後應尊重彼此的想法，各自留下一些東西，封存於紙箱中束諸高閣，置諸腦後，然後清心自在地攜手共創妳們的未來。

88 女友愛手機比愛我多

愛情這個難題？

我跟女友都是上班族，本來都用普通手機打電話發簡訊。年初女友用年終獎金買了一支I-phone，整天玩手機，上網、玩遊戲、玩Line及微信。我們約會時，她就一機在手玩不停，等車、排隊買午餐，甚至晚餐在牛排館約會，她也常低頭抿嘴笑，眼睛盯著手機，手指滑不停。

為此事我們已吵過很多次，她的論點是，她在回訊息時我不應該打斷她，說什麼湯會冷掉，牛排會硬掉等，她說我沒禮貌，但她已到了忘我的地步，我完全被忽略了，想請問高見！

聽林老師這麼說：

智慧型手機確實有其便利性，但若機不離身、不離手，則生活中最親密的人不是愛侶，而是手機了。這是時下年輕人的通病，也因此使得家庭及社會人際關係變得疏離，罹患近視的比率大增，也逼得父母不得不同樣使用Line或微信等通訊軟體來與子女溝通。你的女友目前正沉浸此種現代科技，自以為是在擴展人際關係，聯繫溝通，其實是被手機綁住，忽視身旁的愛侶，無法享受當下的樂趣，這才是對伴侶的不尊重與不禮貌。

你們白天各忙工作，下班後也不是每天膩在一起，約會時是應該專注於彼此，尤其用餐時，一邊享受食物一邊分享各自的生活，一點一滴都是在打感情基礎，發展親密關係。通常在餐館內人聲嘈雜，將手機擺在桌上並不為過，但不必每個訊息都看且立即回。若是公司老闆或家中老父來電，則女友應該說，「對不起，親愛的，你先停一下，好像有事，我先看一下。」但這種情況不應該經常發生。

好好地與女友溝通，先同理她玩手機的樂趣，不要反對她一人獨處時進入網路世界，但跟家人相處或與你見面時最好能減少滑手機的次數，強調你要的是兩人世界，手機好像變成第三者，但其實影響雙方相處的是女友的心理與行為。不

妨與她約法三章，兩人見面時每一小時查看手機，看電影時則要完全關機，全心全意約會，何苦為了玩手機這種小事鬧得不愉快呢。

89 眼看謊言要被拆穿，我好怕失去他！

愛情這個難題？

大四時在校際聯誼時認識了家境頗佳的高材生A君，他熱情追求我，為了面子且想與他匹配，我騙他說我父母均為南部企業家，很忙，且讓他以為我功課很好，有出國深造的打算。他認為我們志同道合有共同目標，常送我貴重禮物。

現在我們畢業了，他在服替代役，每天Line我要準備托福及GRE考試，其實我家境很差，也不想出國，而他說要去我家拜訪我父母，我其實已經騙很久、編了很多故事，眼看要被拆穿了，我好怕失去他！

聽林老師這麼說：

為了達到自己的目的，想成為A君女友，不惜編故事將自己塑造成家境良好

功課優異的形象，而且隨著時間流逝就越編越多，越難自圓其說，妳的誠信就越少。做朋友以誠信為首，尤其是男女朋友，最怕就是欺騙，妳以為是善意的謊言，他會認為是存心的欺瞞，拖得越久對妳越不利，尤其現在男友認為時機成熟，可以拜訪妳的家人，也在計畫雙雙出國之事。

出國留學或國內就業是個人的人生選擇，妳可以計劃，但也可以改變計劃，不出國留學並不表示你不愛A君，只是妳不要裝出很想留學的樣子，那就不是妳自己，謊言總有被戳破的一天，與其被男友發現妳從一開始就編故事，不如妳自己向他坦白，妳越擔心失去他，妳就越不敢說，妳真的欠男友一個誠信。如果妳真愛他就得向他說實話，求他原諒。

男友因為愛妳，專注在妳個人身上及平日與他的互動，太相信妳而未察覺到謊言的破綻，而且你們交往已有一段時間了，妳必然有許多優點他很欣賞，感情關係已經有基礎了，所以妳更應該及早向他坦承，老實告訴他妳的心態及狀態。他若夠成熟，且夠愛妳，必能接受妳的悔意與道歉，兩人繼續當男女朋友。這雖是一半一半的機率，但還是值得一試。這樣妳才能心安，對他無虧欠。

90 我暗戀多年的教授居然吻了我

愛情這個難題？

早在研究所求學期間我就暗戀大我10歲的P教授，日記中寫滿了對他的觀察及愛慕，但一直維持正常的師生關係。畢業半年後在某社交場合巧遇P教授，我們喝酒敘舊，有酒壯膽我忍不住告白，說只想讓他知道，並不想破壞他與多年女友A女的關係。

他居然抱緊我，吻了我，然後長嘆不可能，就這樣我們又親吻了許久。一個月後同為公務員的A女與我在職訓中認識，她似乎很喜歡我，我對她有些愧疚，不知道我可否接受她的邀約，跟她成為朋友？這樣會不會有點假？

聽林老師這麼說：

妳的告白令P教授心動了一下，在那種場合中，有如電影情節的相遇，加上酒的催化，他回應了妳的告白，兩個人有了親吻行為，但理智上雙方都知道沒戲可唱，他不可能離開感情深厚的女友，而妳也知道不可能，至少有將心中積壓滿滿的愛慕情緒抒發出來，只是隨著夜晚活動的結束，這件事也就落幕了。

但這並不表示事情沒有發生過，而是已經整理好心情，此後各人還是過各人的生活，而此相互瞭解可以成為友誼的基礎，由師生關係邁進普通朋友關係，也是正向轉變，這件事妳當然不用告訴A女，也不用覺得有罪惡感，她男友並沒有不忠於她，而妳也已經理智上明白與接納事實了。

妳一定得對自己誠實，如果妳對P教授還有遐想，那妳就得和A女保持距離，不要去「欺騙」她對妳的感情。如果妳認為告白就是一種釋放，從此海闊天空，不再存有迷戀，則問問妳自己，是否喜歡A女這樣的人。聽起來她是滿喜歡妳的，既然互有好感，當然可以做朋友，而妳也得真心祝福她與P教授的感情關係，決不能再藉酒壯膽或有春夢了。

91 我與男友總是溝通不良

愛情這個難題？

我與男友訂婚後同居一年半，經常因男女觀點不同而起爭執，總是溝通不良。兩個月前我們同意先分開一陣子，各自處理我們的問題，於是我回父母家住，他搬去摯友家住，而這位摯友是我從未見過，只耳聞過的能幹上班族。

目前看來，此君已取代我的地位。未婚夫說他愛我，希望事情能順利解決，然而他下班後的時間都與摯友混在一起，根本沒留時間空間自我反思或做任何改進，我很愛他，也很想看到事情順利進行，但他並未努力，請問我該如何往前走？

聽林老師這麼說：

自我反思及各人改進是不能強迫的，必須要未婚夫本人自發自動。既然已經說好暫時分開，各人過各人的生活，妳就無法決定他要如何處理他的分居生活。聽起來，他正在營造一個完全沒有妳的生活，享受哥兒們在一起的輕鬆日子。簡言之，如果他想要妳成為目前生活的一部分，他自然會找妳加入的。

自目前狀態看來，妳只是形體上與他分開，情緒上依然緊跟著他，還要緊盯著他的生活，除了會帶給未婚夫壓力，產生逃避妳的心理外，最重要的是，妳會越來越失去自我，無法靜下心來自我反思與人格改進，這樣就失去你倆當初協議分居的意義了。既然兩個人都相愛，不妨多為對方著想，留下空間時間給自己跟對方，認真思考個性差異、觀念不同及溝通不良對兩人關係如何造成傷害，以及如何改善。

妳得直接往前過妳的人生，全心同入。讓妳自己忙起來、動起來，掌控妳所能掌控的事，學習放棄想要控制未婚夫的欲望，以後如果他想要與妳分享生活，他就會主動提出要求請妳答應的。因此不要操之過急，還是先靜下心來整理自己吧！

92 分手後女友不甘心，頻頻騷擾

愛情這個難題？

我與女友均為30出頭，交往一年後因個性差異太大時常產生口角，我提分手，她在台北沒親人亦無好友，所以我溫和地告訴A女，以後還是朋友。她無法接受我不再親近她，不斷地在臉書發訊息罵我絕情，隨後又道歉，求我原諒，但剛剛才發過友善訊息，第二天又開始詛咒我去死。

我告訴她分手定了，且關閉臉書，她就一直打我的手機及傳簡訊，在電話上不是大吼就是哭泣。我不敢完全不理她，害怕她會傷害自己或對我不利。她曾幾次損壞我的傢俱及電腦。我已經不堪其擾了，請問我要怎樣做才能讓這個女人消失在我的生活中？

聽林老師這麼說：

A女認定你是她在台北唯一的親人，所以在交往的過程中原形畢露，不知磨合適應，你顯然無法忍受她的個性，乃提分手。你採取溫和的分手方式是正確的，但你心中雖堅定，表現出來的卻太軟弱。她在臉書上發訊息你回應，她打電話你接，不管你回答的內容為何，一來一往總是給她與你聯繫的機會，她心中會懷著復合的希望，因此不要再與A女有任何接觸才是分手的最高原則。

不論A女是以前吵架時或分手後損毀你的傢俱及電腦，這已經超出情侶衝突的正常範圍了，可以看出A女的任性及情緒問題。你若要幫助她（也是幫助你自己），不妨約她出來在公共場所長談一次，只能一次，總結你倆的恩怨，回顧她的種種行為，分析利害關係及對她個人目前和未來的影響，言明只有她肯檢討自己，學習成長，她以後才能發展好的新戀情，且你與她才有希望成為普通朋友，而目前她最應該做的就是尋求心理諮商。如果A女不聽忠言，企圖傷害你或傷害她自己，那你只能去警察局備案了。所有她騷擾你的證據，以及被損毀的物品都要留著，以供呈堂中請禁制令，這當然是不得已的做法，希望A女不要成為危險情人。

93 姊姊指責我愛上她的前男友

愛情這個難題？

我在交友網站與A君相識，通過訊息後才發現是舊識，十年前大學時曾與我姊約會過，可能是不合適，無疾而終。我們還滿談得來的，也約出來見過幾次面。

我姊才訂婚沒多久，為了尊重她，我告訴她我與A君交往的情形。她最先的反應是，「我不在乎，那已經是十年前的舊事了，而且我現在很開心！」一星期後她打電話給我，指責我不尊重她，還說我既討人厭又自私。我真的有對她不敬嗎？我很自私嗎？

聽林老師這麼說：

到目前為止，如果你真有做錯任何事，就是妳因尊重姊姊而一五一十地告知她妳與A君交往的事。姊姊選擇了無理的回應，可能是當年她與A君分手有不愉快，妳的告知觸動了她的回憶，引發她的負面情緒，醞釀了一個星期，她不知如何處理，只好找妳出氣。這是她一時的氣話，帶有失落及嫉妒的情緒，儘管妳無端被罵心裡很生氣，還是別跟她計較，日後她平靜下來會覺得不好意思的。

雖然姊姊已有未婚夫，感情有歸屬，但她的未竟事宜被妳喚醒，她需要一些時間來處理自己的心情，並調整對妳的態度。妳就不要生她的氣或跟她爭吵了，請給她充分時間與私密性。同時別再向她提到妳與A君相處的點點滴滴，直到她處理好自己的情緒，並接納妹妹的感情關係。

如果姊姊仍對妳選擇的對象感到不滿不快，她應該開誠布公找妳談，而不是對妳謾罵。妳跟她溝通時也可以說明，A君已不是十年前的那個小夥子了，當時大家都年輕不懂事，不會處理感情，十年來的生活閱歷與自我成長，使他成為現在成熟的另一個人，妳與他交往很融洽愉快，請求姊姊給予妳與A君最大的祝福。

94 吵架後女友不理我了

愛情這個難題？

我跟女友分手三星期了，都是我的錯！潛意識中因過去交女友的經驗而產生不安全感及嫉妒，深深影響了我的言行舉止，我跟她吵嘴、怒吼，還罵她。她不理我了，也不回簡訊。最近我傳簡訊說我會尊重她的期望，給她空間，願意等她回頭。

我送花、寫信，懇求女友寬恕，她置之不理，我真的很受傷。今天我突發奇想，想買一隻小狗送她，她一直很想要養小狗。已經一星期沒音訊了，好難挨哦！

聽林老師這麼說：

交往以來可能經常有這種事發生，女友才會忍無可忍下定決心分手，而你自己知道錯了，百般道歉求和，未獲回應，還覺得自己受傷。但你得知道女友受傷於前，還在療傷期間，心情未能平復，她的空間與時間自己掌握，不需要你給他空間，因此目前多說無益。

她也許會因你認錯而接納你的道歉，但不表示她願意與你續前緣。你送花、送禮物只是表達自己的心意，不能期盼有回報，以免失望過大。倘若你們兩人的感情好，送小狗給她是可以增進互動，提升感情的，但從目前狀況看來，送禮給她會有兩種結果，一是被退回，你花錢又被拒絕心情會更糟，二是她勉強收下來，只是睹狗思人，她的心情也不會好，更不會因你送她一隻狗就跟你復合。

健康的男女關係很重要的一個面向就是要尊重對方的想法與期望。以你的情況而言，你選擇去追求一個不想繼續與你交往的女孩。你過去的言行的確傷害了兩人的感情關係，而事後你該做的都做了，現在什麼也急不得，你只能尊重她針對自己意願所做的決定了，但是請記取經驗，下次的戀情才能發展順利。

95 各位親朋好友，我們還不想結婚！

愛情這個難題？

我與未婚夫訂婚兩年，還未決定婚期，周遭的親友同事，尤其是我奶奶及未婚夫父母，一直問一直催，我認為這是我們的事，別人太關心好煩啊！

我倆都希望有個風光的婚禮，但雙方家長都領微薄的退休金，我們只能自己籌婚禮費用，我的助學貸款還有他的青年創業貸款都還在還。最快兩年後手頭才能輕鬆一點。請問我該如何告訴關切我們婚禮的人，我們對於眼前生活狀況樂在其中，目前還不想結婚？

聽林老師這麼說：

你們兩個懂得無債一身輕的道理，一邊工作一邊還債，也一邊儲蓄，對目前

狀況滿意，對未來也抱希望，是很正確的生活態度。你們人緣好，肯努力工作，受朋友喜愛、被家人疼愛，大家都祝福你們的感情，想說訂婚後不久就該結婚生小孩了，沒想到一晃兩年沒動靜，免不了會好奇及關切。

經濟因素對婚姻的影響頗大，你們兩個有共識、有規劃，先還債再說，婚後的確會過得較輕鬆舒服，但妳似乎不想將實際情況及你們兩個的決定對大家說，那妳和未婚夫就得準備一套說法，口徑一致，耐心地向身邊關切的人一一表達，例如，「我們有三年計畫，到時候一定通知。」或者，「生活裡有太多事情，我們正在努力之中，一旦決定了婚期，必定第一個通知你！」請注意，是表達，不是說明，你並沒有義務解釋。

但是對於妳的奶奶及他的父母，還是要誠實分享你們的計畫，而不是認為只是兩個人的事，且也不用擔心他們會誤以為你們哭窮想要獲得贊助。據實以告，疼愛子女的長輩會覺得窩心及感動，知道你們的人生有規劃，願意自力更生，必是以你們為榮，就算他們願意資助一些，也是他們心甘情願的。

96 男友過於保護個人隱私

愛情這個難題？

我與A君交往一年半，每週約會兩、三次，他對我很好，只是他很注重個人隱私，不常談論他家人或表達自己的感覺，而我自己也是有點這樣。

他母親六年前過世，只有在我們剛認識時他提過一次，此後就再也未提過了。我很想了解他母親是一個什麼樣的女性，當年是如何教養如今成為我男友的這個男孩。我可以問他嗎？該如何問？或者我該等他自己想說的時候再說？

聽林老師這麼說：

兩人交往一年半，定期約會分享活動，相伴相隨雖愉快，卻還未達到相知相惜的層次，雖說是個人個性使然，較少分享私事及表達感情，但兩人交往只有較多的自我揭露，才能促進彼此瞭解，包括與家人的關係及你倆之間情感的表達，才能彼此關心，建立穩定的感情基礎，也就是說在發展關係的過程中，每個人都必須學習說話的藝術，並開放自己給對方。

既然經常見面，不妨在聊天中自然帶出問題。對於A君較少提起的事情，問話當然要有技巧且要有禮貌，才能得到誠實的答案。當對方能誠實以答真心相待，乃有了信任感及安全感，就可以更深入地進入對方心中。

一般男性都視母親為最親的人，A君不談論她，也許有心痛之處或其他原因，可能是個棘手或敏感的話題。妳對他母親的好奇心是可以理解的，因為妳喜歡她兒子！因此妳可以對A君說，「我知道我應該尊重你的隱私，但我真的很想了解你母親是個什麼樣的女性，我很感謝她把你教養得這麼好，不知道你願不願意談談她？現在或以後都可以，只要你願意說。」

97 我對他是否缺乏性吸引力

愛情這個難題？

我大學剛畢業，與37歲的A君交往三個月，他經常請我上餐廳用餐，我們也一起騎單車或散步徜徉於公園中，上個週末他帶我去夜店，認識了幾位他的朋友，大家聊得很開心。

上星期日晚上我們叫披薩在家吃，看電視聊天。十一點時他要我留下來，我們溫存片刻就各自入睡，他並未要求親密。前天晚上亦然，已經第二次留宿卻沒有任何行動。我在想我是否對他缺乏性吸引力，或者他是真的想慢慢發展感情關係？

聽林老師這麼說：

37歲的男士有此種表現，表示他尊重妳，並非只想和妳玩玩。他想慢慢發展，想要多瞭解妳是什麼樣的女孩，是否成熟到足以成為他的終身伴侶。總之，不論他是老派人（畢竟比妳年長15歲），或者他是來真的，他並不是為了性才跟妳交往，他享受有個年輕女伴一起過生活，共同分享許多活動，另一方面，A君也不想立刻就被綁住，這也是他至今單身的原因。

聽起來妳還滿期待A君對妳有所行動，妳一直在享受他的邀約、照顧及愛護，但愛情並非他對妳好妳就要全盤接受，也不能完全由他來主導，妳得主動帶領他去做妳喜歡的活動，觀察兩人的相容與不相容之處，兩人是否適合繼續往前走。男女交往是平等的，他比妳深沉成熟，因此除了問問自己的感覺外，找心理諮商師談談也能有所幫助。

妳都不避嫌，已經在他家過兩夜了，親密關係遲早要發生，雖是兩廂情願，卻並非等待他的主導。重點是兩個人的感情深厚到彼此瞭解、信任，才能水到渠成，而在這之前妳可以試著與他展開有關性、親密及你倆感情關係品質的對話，瞭解他在這方面的觀念，甚至他過去的經驗及行為（如果他肯分享），彼此交流溝通，才能踏實地進入親密關係。

98

男友喜歡看美女清涼照

愛情這個難題？

男友高又帥，追了我半年，已交往一年，但他出軌三次我都原諒他了。只是他與自小一起長大的A女糾纏不清，我很生氣。兩人經常見面聊天，互相告知與自己伴侶親密的瑣事，包括我對A女的批評及A女曾劈腿C男，而A女男友正是我男友的好朋友，他渾然不知此事。

另外一個問題是，男友喜歡上社群媒介去看清涼美女，全裸半裸，各種撩人姿態，都看得津津有味。如果正好看到他認識的女孩PO上清涼照，他還會試圖下載存檔。為此已經不知吵過多少次，生過多少氣，他說我吃乾醋，但我就是覺得這樣做不對啊！請問我該怎麼辦？

聽林老師這麼說：

妳已經將妳與男友的關係說得很清楚了，一年內他劈腿三次；他與A女有特殊交情及兩人天地；他喜歡上網欣賞清涼美女照；他對他的好友不夠義氣等，綜合種種，他對妳不夠尊重。當初他追求妳半年，必定因妳長得很漂亮，他誓言追到手，而妳的確是個好女孩，所以他也喜歡妳，但是因為他是一個以自我為中心的人，他只是將妳視為身邊的女伴而已。

妳男友就是這樣一個人，這是他的個性與生活方式。妳所說的「覺得不對」，是妳的真實感覺，而妳卻盡量想說服自己接納男友的好與不好，但心裡還是忐忑不安，在這份關係中，無法放鬆自己。相信妳也越來越覺得他不可能為妳而改變諸多行為，只有妳順從他，兩人關係才能繼續，所以妳一直是在勉強維持這份關係，而如此妳並不快樂。

妳會越來越覺得不滿而無法忍受，爭執吵架也會更多，愛情關係很難繼續存在。妳有自己的感情需求及期待，而真正的愛情必須是雙方「付出即得到」，妳無法自男友身上得到妳想要的，妳必須找一個真正關心妳，真正懂得珍惜妳的合適男士，且這是遲早的事。

99 怎麼向喜歡的女生表白？

愛情這個難題？

我現年33歲，與文靜的A女（小兩歲）穩定交往一年半，她個性溫和總順我意，雙方家長都見過面，就等我考個好工作再走上紅毯。八個月前，因緣際會認識個性外向的B女（小八歲），與她互動不錯，她主動告知身旁的男生不是男友。我們不是很熟，她因工作關係沒能常聊，多數簡訊問候，很能逗我開心，但個性還沒能瞭解，可能是我想太多，但也讓我對未來有一些不同的想法。

我未來要能開心過日子，B女較能讓我開心，但怕只因年紀差異及個性剛好是我要的那種類型，又或許她個性一向如此？我迷失了，請問，若我有意選擇B女，該如何表示，及在什麼場合、時機較恰當？又該如何向A女說明較適宜？

聽林老師這麼說：

你與Ａ女的關係已論及婚嫁，是傳統的交往型態，是你一直以為男女相處就是如此，直到你認識了Ｂ女，才發現個性不同可以有如此不同的互動，你覺得開心、自在、有期盼。這種新感覺啟發了許多思考，也產生了更多的感覺，開始質疑自己與Ａ女的合適性，與其將此種質疑帶到婚後，不如婚前仔細觀察、體驗及思量這是否是你要的戀情及婚姻。

Ｂ女只是個刺激源，並非一定現在就得在Ａ女與Ｂ女之間做選擇，何況你與Ｂ女還不是很熟稔。倘若你真的展開追求，她也不見得是理想的對象，總要經過交往才能確定。因此妳絕不能因為Ｂ女就放棄Ａ女，你與Ｂ女的互動應與你和Ａ女的關係無因果關係。你自己也做了一些推測，也許Ｂ女年紀輕，個性活潑，或者你正好中意這種個性。

就因為你全心在Ｂ女身上，已對她產生一些遐想，對Ａ女的感覺越來越淡了，這樣對Ａ女很不公平。你應該以平常心與Ａ女互動，誠實地體驗自己的感覺，坦誠地與她分享。因為你的真誠，她可以自在地與你對談及相處，也許因你倆新的互動模式可以找回激情，或者因更了解對方，雙方都看到不合適性，才能和平分手。只有你先處理好與Ａ女的關係，你才有資格去與Ｂ女交往。

100

男友說我太黏人了！

愛情這個難題？

A女是我的室友，六個多月前她大學好友B君留美回台，透過她的介紹，我們認識，也交往了半年。剛開始我因感激她，也不願意見「色」忘友，而經常有三人行。我總覺得男友向她傾訴許多事情，包括我倆交往的瑣事，但他說沒有。

有一天我忍不住偷看他的手機簡訊，他們倆個果然經常互發訊息，大多是閒聊或分享各自的生活，也算無傷大雅，但有幾則看了令我心驚，男友居然說我太黏他，他需要一些個人空間。我將此話題技巧地帶入談話中，男友否認想要多獨處，也盡力消除我的疑慮。請問我該寬心相信他，還是直接面質他的不誠實？

聽林老師這麼說：

一段關係的發展是屬於當事人雙方的事，但有時候心裡裝得太滿，是會向身旁可信任的好友傾訴的。A女與B君是多年好友，可能一向就分享許多事情，A女必定很高興介紹你倆認識，很關心B君與妳的後續發展，免不了會問，而B就會很自然地回答，兩人的關係並不是隱晦曖昧的，所以在他談到你倆關係時，他是真的覺得妳太黏他了，想要多一點個人空間，並不是抱怨，而是當時的感觸，說給對方聽聽而已。

B君對妳是真心的，他看到妳有許多優點，也瞭解妳是因為很喜歡他才會黏他，也許他希望等到兩人談得更深入時才會直接坦誠向妳要求個人空間，他並不想傷害兩人的感情或妳的感覺，因此當妳技巧地問他時，他沒有說實話。只是妳無法控制妳的疑心，選擇去偷看男友的手機（妳可以選擇不看），其實是很符合佔據他人空間的定義，而且也不誠實。妳這次的行為雖然有風險，可能會損傷兩人關係，但也給妳一個機會檢視自己行為，洞察自己的內心意圖，並瞭解所謂得互相尊重的真諦。妳當然可以選擇不信任男友，也不尊重他與A女的友誼，則妳的擔心會變成不定時炸彈，終會引爆而粉碎你們的感情關係；或者妳可以選擇信任，然後自我反省，藉此改進個人的想法及行為。

智慧系列12

試煉，只為與你相遇——學校沒教的戀愛課

金塊文化

作　　者：林蕙瑛
發 行 人：王志強
總 編 輯：余素珠
美術編輯：JOHN平面設計工作室

出 版 社：金塊文化事業有限公司
地　　址：新北市新莊區立信三街35巷2號12樓
電　　話：02-2276-8940
傳　　真：02-2276-3425
E-mail：nuggetsculture@yahoo.com.tw

匯款銀行：上海商業銀行 新莊分行（總行代號 011）
匯款帳號：25102000028053
戶　　名：金塊文化事業有限公司

總 經 銷：商流文化事業有限公司
電　　話：02-5579-9575
印　　刷：大亞彩色印刷
初版一刷：2017年11月
定　　價：新台幣280元

ISBN：978-986-94999-7-2（平裝）

國家圖書館出版品預行編目資料

試煉,只為與你相遇 : 學校沒教的戀愛課 / 林蕙瑛著.
-- 初版. --新北市 : 金塊文化, 2017.11
240面 ; 15 x 21公分. -- (智慧系列 ; 12)
ISBN 978-986-94999-7-2(平裝)
1.戀愛 2.兩性關係
544.37　　106019164

金塊文化